Gaosu Tielu Yanrong Dizhi
Luji Sheji yu Zhengzhi Jishu

高速铁路岩溶地质路基设计与整治技术

高军 ◎ 著

中国地质大学出版社
ZHONGGUO DIZHI DAXUE CHUBANSHE

图书在版编目(CIP)数据

高速铁路岩溶地质路基设计与整治技术/高军著. —武汉:中国地质大学出版社,2014.10
ISBN 978-7-5625-3541-6

Ⅰ.①高…
Ⅱ.①高…
Ⅲ.①高速铁路-岩溶-铁路路基-设计
Ⅳ.①U213.1

中国版本图书馆 CIP 数据核字(2014)第 243581 号

高速铁路岩溶地质路基设计与整治技术		高 军 著
责任编辑:段连秀	策划编辑:张 华	责任校对:张咏梅
出版发行:中国地质大学出版社(武汉市洪山区鲁磨路388号)		邮政编码:430074
电 话:(027)67883511	传真:67883580	E-mail:cbb@cug.edu.cn
经 销:全国新华书店		http://www.cugp.cug.edu.cn
开本:787 毫米×1 092 毫米 1/16		字数:210 千字 印张:8 彩插:2
版次:2014 年 10 月第 1 版		印次:2014 年 10 月第 1 次印刷
印刷:武汉教文印刷厂		印数:1—800 册
ISBN 978-7-5625-3541-6		定价:36.00 元

如有印装质量问题请与印刷厂联系调换

前　言

武广高速铁路是中国一条连接湖北省武汉市与广东省广州市的高速铁路,为京广客运专线的南段,位于湖北、湖南和广东境内,于2005年6月23日开始动工,2009年12月26日正式运营。线路全长约1 068.8km,投资总额1 166亿元。设计时速350km/h,最高时速380 km/h。武广客运专线的开通,让"珠三角"拥有了湖北、湖南这两块重要的腹地,也加快了两省融入"珠三角"的步伐,有利其升级转型,以及提高在世界产业链条上的位置。武广客运专线开通后,武汉到广州仅需3.5小时,到深圳4个多小时,到香港约5小时,它不仅仅是一条快速交通工具,同时有利于大区域经济发展,拉近了城市间,甚至两岸间的距离,将华中、华南城市圈合为一体。武广客运专线大大方便了内地与港澳间往来,加强香港作为中国南方乃至亚太地区重要进出口口岸和经济、金融中心的地位,进一步改善香港的外部交通环境,打通香港与内陆腹地的陆上交通动脉,有利于香港经济的长期稳定发展。从长远看,也有利于台湾与内地的生产要素的对流,提升台湾与大陆的经济关联度,为台资进入大陆提供更便捷的通道。

武广高速铁路工程建设以丘陵地貌为主,海拔标高一般为60～462m,相对高差20～270m。南北两端分别为江汉平原及珠江三角洲平原,间夹剥蚀残丘、丘陵化高阶地,地势波状起伏,相对高差多小于50m,湖汊港地、湖泊、水塘星罗棋布,水网密布。

武广高铁沿线岩溶主要分布在乌龙泉至临湘、长沙芦狄塘、株洲中路铺及马家堰、耒阳至韶关段,岩溶发育岩组主要为寒武系(ϵ)、泥盆-石炭系(D-C)、二叠系下统栖霞组(P_1q)、三叠系中下统(T_{1+2})碳酸盐岩以及白垩系-下第三系(K-E)钙质砾岩,可溶岩地段总长度约268.4km,占全线总长度的34%,是全线最主要的不良地质问题,处理安全与否直接影响着铁路运营安全。

关于岩溶地质的设计与治理,是一个复杂的课题。国内外许多部门、院校的专家进行了全面研究,出版了大量的科研专著,有关这方面的学术论文,可说是学富五车,有关的咨询资料可谓浩如烟海。但是,不管哪种治理方法和措施,各有用武之地,适用于不同的地域和地质,反映不同历史时期的社会生产力发展水平。

人类的知识总是不断的积累，社会总是不断的进步，生产力水平不断的提高。正是遵循这一基本规律，我们在总结实践的基础上，依据建设过程中取得的科研成果，同时吸取有关著作的资料，采取删繁就简，突出重点，经过系统分析、归纳整理，编纂成书，以期与同行们进行交流。更重要的是，通过图书载体进行传承，不断丰富对岩溶地质路基的治理技术的知识，为铁路建设事业积累技术经验，为铁路建设事业的发展贡献微薄之力。

本书主要依托武广高铁和宜万铁路工程建设实践，共分为八章：

第一章介绍世界高速铁路的发展和各国高速铁路路基的特点。

第二章扼要地阐述了岩溶地质特征，并结合武广高铁和宜万铁路实际工程，总结和论述了岩溶发育的基本规律，并介绍了目前国内外对于岩溶地质灾害的研究现状。

第三章介绍了我国高速铁路线路和路基的设计标准。

第四章概述了岩溶路基形成的机理，并根据不同的岩性组合介绍了岩溶路基的变形模式。

第五章介绍了岩溶路基常用的勘察方法以及在武广高铁中的应用。

第六章介绍了岩溶路基整治的常用方法、设计原则等，并对武广高铁三处地区的岩溶路基设计实例进行了分析。

第七章结合武广高铁工程实例具体介绍了岩溶路基施工工作流程、关键工序、质量控制措施等。

第八章结合武广高铁工程实例阐述了岩溶路基整治后的评价过程和方法。

本书所述内容，密切以工程为依托，便于举一反三，有利于实际应用，期望让读者阅读后获得最佳效果，笔者则感到无限欣慰。本书在编写过程中得到了武广客运专线有限责任公司、中铁第四勘察设计院集团有限公司、中南大学、中国矿业大学（北京）、中铁三局、中铁十九局、华铁监理咨询有限责任公司及相关施工单位的大力支持，特别是王志坚、邓卫升、黄光义、顾祥生、郭建湖等人的鼎力相助，在此一并表示衷心感谢，并致以崇高的敬意。

武广高速铁路，已经投入使用4年有余。实践表明：建设中采用过的设计和施工整治措施是成功的。愿本书所述能有的放矢，对今后高速铁路、公路，乃至其他类似工程设计和施工有所借鉴和参考，祝我国的高铁事业蒸蒸日上。

由于作者水平所限，书中难免存在疏漏和欠妥之处，敬请读者指正。

高 军

2014年5月

目 录

第一章 绪 论 …………………………………………………………………………（1）
  1.1 高速铁路概述 ……………………………………………………………………（1）
  1.2 高速铁路国内外发展现状 ………………………………………………………（2）
  1.3 高速铁路路基特点及发展 ………………………………………………………（4）
  1.4 本章小结 …………………………………………………………………………（7）

第二章 岩溶发育基本规律及特征 …………………………………………………（8）
  2.1 岩溶地质概述 ……………………………………………………………………（8）
    2.1.1 岩溶的概念和特征 …………………………………………………………（8）
    2.1.2 岩溶的分布特征 ……………………………………………………………（9）
    2.1.3 我国岩溶发育的总体特征 …………………………………………………（9）
  2.2 岩溶地质 …………………………………………………………………………（10）
    2.2.1 一般规律 ……………………………………………………………………（10）
    2.2.2 岩溶与岩层的关系 …………………………………………………………（10）
    2.2.3 岩溶与地质构造的关系 ……………………………………………………（11）
    2.2.4 岩溶路基 ……………………………………………………………………（17）
  2.3 岩溶国内外研究现状 ……………………………………………………………（19）
  2.4 本章小结 …………………………………………………………………………（22）

第三章 高速铁路线路与路基设计 …………………………………………………（23）
  3.1 高速铁路线路平面设计 …………………………………………………………（23）
    3.1.1 最小曲线半径 ………………………………………………………………（23）
    3.1.2 最大曲线半径及曲线半径的选用 …………………………………………（23）

3.1.3 缓和曲线 ………………………………………………………………… (24)
   3.1.4 建筑限界 ………………………………………………………………… (25)
   3.1.5 线间距 …………………………………………………………………… (26)
   3.1.6 安全退避距离 …………………………………………………………… (27)
3.2 高速铁路线路纵断面设计 ……………………………………………………… (29)
   3.2.1 最大坡度 ………………………………………………………………… (29)
   3.2.2 坡段长度 ………………………………………………………………… (29)
3.3 高速铁路路基设计 ……………………………………………………………… (30)
   3.3.1 高速铁路路基面设计荷载 ……………………………………………… (31)
   3.3.2 动应力沿深度的衰减 …………………………………………………… (31)
   3.3.3 基床厚度的确定 ………………………………………………………… (32)
   3.3.4 高速铁路路基横断面设计 ……………………………………………… (32)
3.4 基床质量控制 …………………………………………………………………… (36)
   3.4.1 路基表层 ………………………………………………………………… (36)
   3.4.2 基床底层 ………………………………………………………………… (37)
3.5 本章小结 ………………………………………………………………………… (37)

第四章 岩溶路基变形特征 ……………………………………………………… (38)

4.1 岩溶路基变形特征的研究意义 ………………………………………………… (38)
4.2 岩溶塌陷形成机理 ……………………………………………………………… (39)
4.3 岩溶路基塌陷模式 ……………………………………………………………… (41)
4.4 岩溶塌陷的数值模拟 …………………………………………………………… (42)
4.5 本章小结 ………………………………………………………………………… (43)

第五章 高速铁路岩溶路基勘察 ………………………………………………… (44)

5.1 高速铁路岩溶路基勘察特点和主要内容 ……………………………………… (44)
   5.1.1 岩溶路基工程地质勘察特点 …………………………………………… (44)
   5.1.2 岩溶工程地质勘察的主要内容 ………………………………………… (44)
5.2 高速铁路岩溶路基勘察主要方法 ……………………………………………… (45)
   5.2.1 遥感解译 ………………………………………………………………… (45)
   5.2.2 物探探测 ………………………………………………………………… (48)
   5.2.3 深孔钻探 ………………………………………………………………… (52)

5.3 岩溶路基勘察实例 ··· (53)
 5.3.1 新耒阳车站岩溶路基勘察 ······································· (53)
 5.3.2 武广客运专线K1920+817～+886段岩溶路堑勘察 ········ (55)
 5.3.3 武广客运专线K2107+206～+406段岩溶路基勘察 ········ (56)
5.4 本章小结 ··· (58)

第六章 高速铁路岩溶路基整治 ·· (59)

6.1 高速铁路岩溶路基整治的难点和设计原则 ·························· (59)
 6.1.1 整治难点 ··· (59)
 6.1.2 岩溶路基整治原则 ·· (60)
6.2 岩溶路基常用整治方法 ·· (63)
 6.2.1 填堵法 ·· (63)
 6.2.2 跨越法 ·· (63)
 6.2.3 强夯法 ·· (63)
 6.2.4 灌注法 ·· (64)
 6.2.5 深基础法 ··· (64)
 6.2.6 疏、排、围、改治理方法 ··· (65)
 6.2.7 平衡地下水、气压力法 ··· (65)
 6.2.8 综合治理法 ·· (65)
6.3 整治设计实例 ··· (66)
 6.3.1 武广客运专线耒阳车站岩溶整治设计方案 ·················· (66)
 6.3.2 武广客运专线K1920+817～+886段岩溶路堑整治设计 ··· (69)
 6.3.3 武广客运专线K2107+206～+406段岩溶路基整治设计 ··· (70)
6.4 本章小结 ··· (72)

第七章 高速铁路岩溶路基施工 ·· (73)

7.1 武广客运专线新耒阳车站岩溶路基施工过程 ······················· (73)
 7.1.1 工点施工工艺流程 ·· (73)
 7.1.2 施工过程控制 ··· (75)
 7.1.3 质量控制措施 ··· (78)
7.2 武广客运专线K1920+817～+886段岩溶路基施工过程 ············ (80)
 7.2.1 工点施工工艺流程 ·· (80)

  7.2.2 施工过程控制……………………………………………………(82)
  7.2.3 关键工序及质量控制措施……………………………………(84)
 7.3 武广客运专线 K2107+206~+406 段岩溶路基施工过程………(89)
  7.3.1 施工工艺及流程………………………………………………(89)
  7.3.2 岩溶注浆施工过程控制………………………………………(89)
  7.3.3 质量控制措施…………………………………………………(94)
 7.4 本章小结………………………………………………………………(95)
 8.1 武广客运专线岩溶路基处理质量验收标准…………………………(96)
 8.2 武广客运专线岩溶路基处理检测……………………………………(97)
  8.2.1 武广客运专线新耒阳车站岩溶路基处理检测………………(97)
  8.2.2 武广客运专线 K1920+817~+886 段岩溶路基检测………(98)
  8.2.3 武广客运专线 K2107+206~+406 段岩溶路基检测………(101)
 8.3 武广客运专线岩溶路基运营效果评价………………………………(103)
  8.3.1 武广客运专线新耒阳车站运营效果评价……………………(103)
  8.3.2 武广客运专线 K1920+817~+886 运营效果评价……………(107)
  8.3.3 武广客运专线 K2107+206~+406 运营效果评价……………(111)
 8.4 本章小结………………………………………………………………(115)

参考文献………………………………………………………………………(116)

第一章 绪 论

1.1 高速铁路概述

随着世界人口的快速增长和经济建设的高速发展,人们的生活节奏明显加快,对交通工具的便捷要求也在日益提高,继航空线路和高速公路快速发展之后,人们又把目光集中到铁路的高速发展上,因此高速铁路的研究和建设应运而生。世界上一些发达国家首先根据自己国家的幅员、人口分布、工商业布局、经济与科技实力等具体国情,从人们的实际出行需要出发,纷纷采取了这种高效快捷的客运工具。目前,高速铁路在发达国家和大多数发展中国家都有建设,不同国家由于国情原因,发展程度和技术水平也有很大差别。随着航空、公路和海运的全面快速发展,铁路也面临着严峻的挑战和新的发展机遇,这种发展趋势必将促进铁路管理的体制改革和运输手段的技术创新,进一步加速铁路的高速化、重载化和多式运输的立体化,进而实现铁路路网的现代化。

高速铁路的定义是随着世界科学技术的发展和客观条件的变化而变化的。在世界上首先以法律条文明确高速铁路定义的是日本。1970年5月,日本在第71号法律《全国新干线铁路整备法》中规定:"列车在主要区间以200km/h以上速度运行的干线铁道称为高速铁路"。也有一些不同的提法,如将最高时速160km/h划归为高速铁路。但在众多已进入高速铁路时代的各国高速列车,一般最高时速均在200km/h以上。因此人们又把时速在200km/h以上的干线铁道称作高速铁路,一般来说是没有什么异议的。综上所述,高速铁路是指列车在主要行车区间上能以200km/h以上速度运行的干线铁路。

高速铁路与其他的运输方式相比具有非常明显的优越性特点,并在以下几个方面表现较为突出:

(1)运送速度快。高速铁路最高运营速度已超过300km/h,旅行速度超过200km/h。

(2)安全性好。高速铁路投入运营几十年来很少有伤亡事故发生。

(3)运行准确性高。高速铁路与汽车和飞机不同,它严格按照列车运行时刻表运行,不因天气等原因而延误。

(4)占地面积小。高速铁路的占地面积只有高速公路的1/3。

(5)环境污染轻。电气化高速铁路基本消除了CO_2等所造成的污染。

(6)运价低。高速铁路单位运程客票票价比汽车、飞机的费用都低。

(7)效益高。

高速铁路具有上述技术经济优势,加之世界石油资源的逐渐减少,公路拥挤不堪,飞机空难不断,环境污染恶化,所以高速铁路自问世以来发展迅速,现在有些国家已从修建高速铁路线向高速铁路网方向发展。高速铁路逐步代替了原有铁路,已经成为铁路交通普遍发展的趋势,在我国高速铁路的发展也相当迅速,优势也相当明显。

1.2 高速铁路国内外发展现状

20世纪20年代高速公路得到了快速发展,在第一次世界大战中发展起来的航空工业,在战后由大量军用飞机转为民用,在速度上取胜。由于铁路长期忽略列车运行速度的提高,于是出现了长途运输受到飞机排挤,短途客流又被汽车所吸引,形成了经营上连年亏损的局面,铁路一度被称为"夕阳产业"。在20世纪初至50年代,德国、法国、日本等国率先开展了提高铁路速度的试验和研究,取得了一定的成果。

日本1957年首次在世界上提出了高速铁路的修建方案,1958年日本政府决定批准修建高速铁路的方案。1964年10月日本建成了世界上第一条真正意义上的高速铁路,即日本东海道新干线。该线路从东京起始,途经名古屋、京都等地终至(新)大阪,全长515.4km,运营速度高达210km/h。新干线的正式通车,标志着世界高速铁路新纪元的到来。1971年,日本国会审议并通过了《全国铁道新干线建设法》,随后,东海道新干线向西延伸,1975年开通至终点站博多、大阪。至博多称为山阳新干线,全长1 069km,列车行驶最高时速达270km/h。1982年上越新干线全线通车运营,列车行驶时速240km/h。1985年东北新干线(东京至盛冈,全长496.5km)全线通车运营,列车行驶最高时速达240km/h。1997年长野新干线(高崎至长野,全长117.4km)全线通车营业,列车行驶最高时速260km/h。

法国1976年开始修建了法国第一条高速铁路,其造价要比日本低得多,性能也有了突破性的提高。法国TGV列车的成功运行,推动了世界各国高速铁路的发展。1989年9月和1990年9月,法国又建成巴黎至勒芒(181km)与图尔(101km)的大西洋线。大西洋试验线上一列由两辆动车、三辆车厢组成的第二代以515.3km/h的时速创造了新的世界纪录,引领了当时的高速时代。该线开通运营后,列车最高行驶时速达300km/h,载客量由第一代的368人提高到485人。1992年巴黎东南线里昂环线投入运营。1994年7月又完成了延伸到瓦朗斯的新线工程,使东南线长度达到530km。特别是1994年5月,大巴黎区外环线的建成,使北线、东线、大西洋线构成可绕过巴黎相对连接的高速铁路网系统。

德国早在20世纪初就已论证了采用轮轨系统可将列车速度提高到300km/h的可行性,它的ICE列车也是世界上有名的。1979年试制成第一辆ICE机车。1982年德国高速铁路计划开始实施。1985年ICE的前身首次试车,以317km/h的时速打破德国铁路

150年来的记录,1988年创造了时速406.9km/h的记录。1990年由1台机车加13辆车厢的ICE列车开始在高速铁路试运行,时速可达310km/h。德国ICE城际高速列车行驶时速250km/h,而在既有线上行驶速度与IC城际快速列车相同,最高时速200km/h。1993年以来,ICE高速列车已进入柏林,把德国首都纳入ICE高速运输系统。ICE也穿过瑞士边界,实现了苏黎世至法兰克福等线路的国际直通运输。

英国于1976年靠HST内燃动车组实现了200km/h的高速运行,最早的高速干线是CTRI(连接英伦海峡的隧道铁路),其第一区间(74km)已于2003年9月16日开通,CTRI的高速铁路技术引进法国的TGV技术。

前苏联通过改造既有线路,在莫斯科—圣彼得堡间采用电动车组,实现了时速为200km/h的高速运行,率先成为拥有高铁为数不多的国家之一。

"欧洲之星"高速列车于1994年11月在法、英、比三国首都间正式投入运营。1997年12月连接巴黎、布鲁塞尔、阿姆斯特丹,以4个城市首字母命名的TGV-PBKA高速列车开始投入运行。巴黎至里尔(226km)的旅行时间由2小时15分缩短为1小时,巴黎至伦敦的行车速度,在法国境内时速为300km/h,在隧道内时速为167km/h,目前旅行时间为3小时。待英国境内从隧道口福克斯敦至伦敦市中心高速铁路(109km)建成后,旅行时间可缩短为2小时25分,伦敦至布鲁塞尔的旅行时间可缩短为2小时5分。

韩国汉城—釜山间运营最高速度为300km/h的高速新线,采用法国TGV技术的高速列车命名为KTX,于2004年4月1日开通。这样韩国就成为继日本之后,东亚第2个拥有高速铁路的国家。

意大利连接罗马和米兰两大都市的意大利干线由于曲线多和坡度大,提速比较困难。雷德西马高速新线,全长239km,客货两用线路,于1977年部分开通,1998年运营。摆式电动车组ETR450开始了250km/h的高速运行。罗马向南的那不勒斯高速新线(220km)于2004年开通。

20世纪80年代,中国台湾制定了台北—高雄高速新干线计划,设计运营最高速度300km/h,运行1小时30分,里程345km,采用日本700系新干线技术。

1998年10月在德国柏林召开了第三次世界高速铁路大会,参会国家的特征主要表现为:一是多数国家在高速铁路新线建设初期制定了修建高速铁路的全国规划;二是虽然建设高速铁路所需资金较大,但从社会效益、节约能源、治理环境污染等诸多方面分析,修建高速铁路对整个社会具有较好的效益,成为各国政府的共识;三是高速铁路促进地区之间的交往和平衡发展,欧洲国家已经将建设高速铁路列为一项政治任务,各国呼吁在建设中携手打破边界的束缚;四是高速铁路从国家公益投资转向多种融资方式筹集建设资金,建设高速铁路出现了多种形式融资的局面;五是高速铁路的技术创新正在向相关领域辐射和发展。这次高潮波及到亚洲、北美、澳洲以及整个欧洲,形成了交通领域中铁路的一场复兴运动。

自1992年以来,俄罗斯、韩国、中国台湾、澳大利亚、英国、荷兰等国家和地区先后开始了高速铁路新线的建设。据不完全统计,为了配合欧洲高速铁路网的建设,东部和中部欧洲的捷克、匈牙利、波兰、奥地利、希腊以及罗马尼亚等国家正对干线铁路进行改造,全面提速。亚洲(韩国、中国)、北美洲(美国)、澳洲(澳大利亚)也都掀起了建设高速铁路的新热潮。

我国中东部地区人口密度大、城市布局集中、运载压力大,适合高速铁路规划建设营运。"九五"时期,针对铁路客运速度慢、运输能力严重不足等突出问题,我国先后进行了三次大提速。在此基础上,以高速铁路建设列入铁道部《"十五"期间铁路提速规划(2001—2005)》为标志,我国高速铁路建设进入加速期。《"十五"规划》提出:初步建成以北京、上海、广州为中心,连接全国主要城市的全路快速客运网,客运专线旅客列车最高时速达到200km/h及以上,实现高速铁路、部分繁忙干线客货分线。根据中国中长期铁路网规划方案,到2020年,我国铁路运营里程将达到12×10^4km以上。其中,新建高速铁路将达到1.6×10^4km以上,连接所有省会城市和50万人口以上城市,覆盖全国90%以上人口。

"十五"以来,我国铁路充分利用"后发优势",高速铁路迅猛发展。以国际铁路联盟规定的商业(平均)运营时速(全程运行距离/全程运行时间)超过200km/h的标准作为高速铁路的定义。自2007年4月18日零时起,我国铁路正式实施第六次大面积提速和新的列车运行图。列车在京哈、京沪、京广、陇海、胶济等既有铁路干线上实施时速200km/h的提速,部分区段列车运行时速达到250km/h。提速后,全国铁路客运能力增长18%以上,货运能力增长12%以上。成渝铁路在运营初期就可使用国产机车车辆,开行200km/h的列车或动车组,待条件成熟时,可开行250km/h,甚至300km/h及以上的高速列车。

2008年3月31日,我国时速350km/h的首列国产化CRH3高速动车组在"唐车"下线,进入测试运行。2009年12月9日,武广高速铁路成功试运行,从广州南站发车至武汉站用时不到3小时。其间,国产CRH3"和谐号"动车组跑出394.2km/h时速,创造两车重联情况下的世界高速铁路最高运营速度。2009年12月26日,武广高速铁路正式开通运营,标志着我国高速铁路设计、建设和运营技术不仅领先世界,而且进一步完善成熟。总体上讲,我国铁路已经掌握高速铁路线型精测精调、客站功能完善、路基沉降控制、长大梁制运架、大跨高桥长隧、无砟有砟轨道等设计与施工成套关键技术,实现了具有世界先进水平的客运动车组的国产化,形成了具有世界先进水平的中国高速铁路技术标准体系和成套工程技术。

1.3 高速铁路路基特点及发展

高速铁路由于运行速度快,对轨道结构的平顺度和稳定性都有严格要求。路基作为轨道基础必须牢固稳定,它的质量对轨道平顺和稳定有直接影响。法国在两条高速铁路运营多年后的总结中指出:"高速铁路能顺利运行是因为有非常好的下部结构工程——路基"。控制路基变形、保证轨面平顺是高速铁路路基的最大特点,因此高速铁路对路基填料、压实标准等方面提出了更高要求,并主要表现在以下几方面:

(1)结合路基工程规定了详细的岩土分类,要求进行详细调查,为设计、施工及养护提供所必需的依据资料。

(2)加强路基基床部分,特别是基床表层,很多国家设置基层防护层或垫层,并有严格的材料条件与强度要求。

(3)对路堤各部分填土规定了相应的填料标准,填土质量标准要求较高。

(4)为控制路基不发生过大下沉,对路堤填土的地基条件作出了规定及处理要求。

(5)加强路基的排水系统,加强边坡和灾害的防护,要求防护工程与土体工程同时完成,增加路基的坚固和稳定,避免运营期间发生病害。

铁路路基中基床是路基顶部直接受列车动荷载作用的部分,基床表面又直接与道碴接触,因此基床表层是路基设计中最重要的部分。基床表层的作用主要是增强线路强度,扩散列车运行引起的动应力,防止道碴压入基床及基床土进入道碴层以致发生翻浆冒泥等病害。为了提供一个强度高、刚度大、纵向变化均匀并具有长期动力稳定和耐久性以及防渗、抗冻等良好的轨道基础,法国、德国、日本等国采取了新的高速铁路基床结构。

1. 法国高速铁路基床形式(图 1-1)

法国基床由覆盖层、封堵层、上层土方组成。覆盖层及封堵层均有严格级配要求:其压实系数 $K_h > 1$,覆盖层平板压力试验二次加载变形模量 $E_{v2} > 120\text{MPa}$,封堵层 $E_{v2} > 80\text{MPa}$。上层土方则要求: $K_h > 0.95, E_{v2} = 45 \sim 60\text{MPa}$。

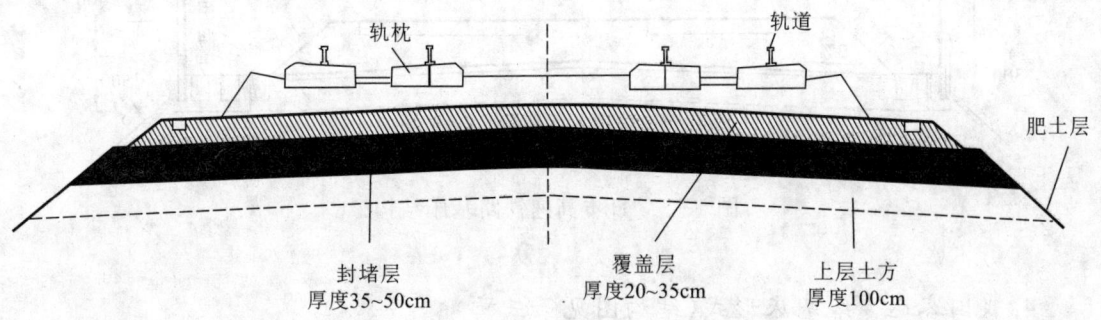

图 1-1 法国高速铁路基床结构

2. 德国高速铁路基床形式(图 1-2)

德国的基床表层由保护层(即 PPS 层)(>20cm)、防冻层(FSS)(40cm)组成,采用工厂配制的矿物材料混合物填筑,保护层级配 K_{G1}(不透水),渗水系数 $<1\times10^{-6}\text{m/s}$,防冻层级配 K_{G2}(弱透水),不均匀系数 >15,各层之间颗粒粒径及组成均满足隔离和过滤准则。保护层加防冻层总厚度 $>0.7\text{m}, E_{vd} > 50\text{MN/m}$。

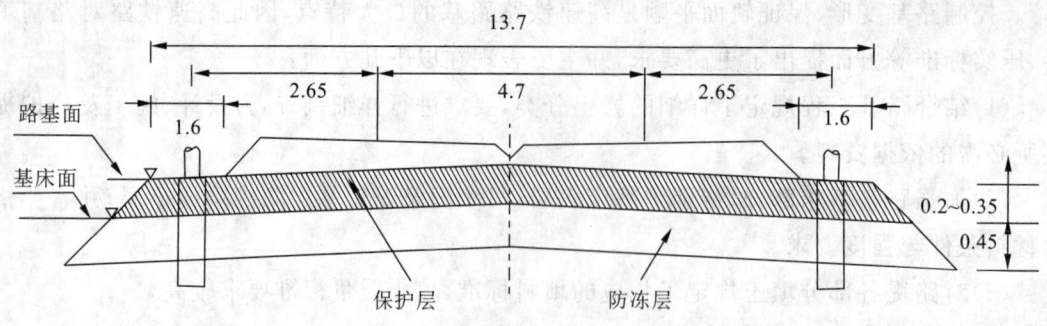

图 1-2 德国高速铁路基床结构

3. 日本新干线铁路基床形式(图 1-3)

日本的基床采用强化结构,有碎石基床表层和炉碴基床表层两类,在路基土上面设置基床封闭层,由隔水的沥青混凝土和高强度的塑料胶组成垫层。基床表层由沥青混凝土(5cm),级配碎石(地基系数 $K_{30}>15\text{kgf/cm}^3$)组成,厚度根据基床底层的 K_{30} 系数确定,基床底层 $K_{30}>11\text{kgf/cm}^3$ 时,其厚度为 30cm;当基床底层 $7\text{kgf/cm}^3<K_{30}<11\text{kgf/cm}^3$ 时,其厚度为 65cm。基床底层厚度为 230~265cm。

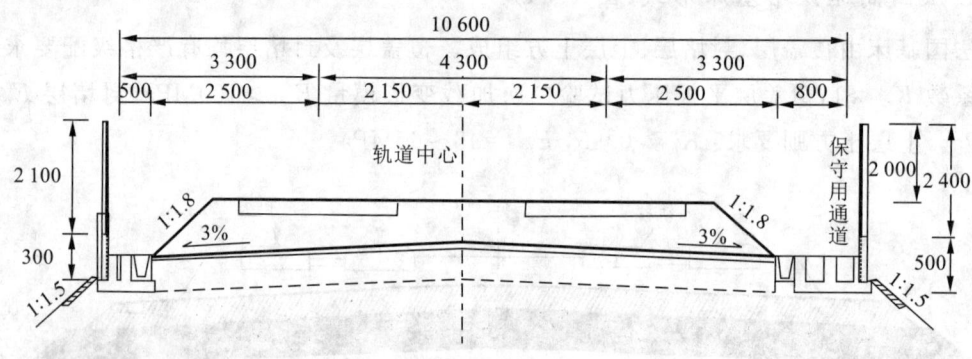

图 1-3 日本高速铁路基床结构

4. 我国客运专线基床形式(结构图见第三章)

我国采用级配砂砾石或级配碎石作基床表层的结构形式。200km/h 客运专线也采用级配碎石或级配砂砾石基床表层结构。路基基床由表层与底层组成。表层级配碎石或级配砂砾石厚 0.7m,$K_{30}>190\text{MPa/m}$,$E_{vd}>55\text{MPa/m}$,基床底层厚 2.3m,$K_{30}>110\text{MPa/m}$。

高速铁路路基不仅在结构上有了改变,对路基质量检测由过去单一采用压实度检测,发展为压实度与力学指标双控制检测,其主要目的是评价路基的强度、抗变形能力。K_{30}、E_{v2}、CBR、回弹模量等均是评价路基的指标与参数,表 1-1 是目前铁路主要检测内容与标准。

表 1-1　各国基床质量控制参数

检测内容	列车速度 (km/h)	中国 200~250	中国 300~350	日本 200~300	法国 230~300	德国 230~300
压实系数 K_h	基床表层				1.0 1.0	1.03 1.0
	基床底层	0.95	0.95	0.95	0.95	0.97
	本体	0.90	0.90	0.90	0.90	0.97
地基系数 K_{30}/(MPa/m)	基床表层	190	190	170		
	基床底层	110~150	110~150	70~110		
	本体	90~130	90~130			
变形模量 E_{v2}/MPa	基床表层				120 80	120 80
	基床底层				50	60
	本体				50	45
变形模量 E_{vd}/MPa	基床表层		55		50	
	基床底层					

1.4　本章小结

高速铁路是未来铁路客运发展的必然趋势，其定义为列车在主要行车区间上能以200km/h以上速度运行的干线铁路。高速铁路与其他的运输方式相比具有非常明显的优越性特点：①运送速度快；②安全性好；③运行准确性高；④占地面积小；⑤环境污染轻；⑥运价低；⑦效益高。

日本、德国、法国等国家的高速铁路技术处于世界领先地位。2008年3月31日，我国时速350km/h的首列国产化CRH3高速动车组在"唐车"下线，进入测试运行。2009年12月26日，武广高速铁路正式开通运营，标志着我国高速铁路设计、建设和运营技术不仅领先世界，而且进一步完善成熟。

控制路基变形、保证轨面平顺是高速铁路路基的最大特点，因此各国高速铁路对路基结构、填料压实标准等方面提出了更高要求，以确保路基牢固稳定。

第二章　岩溶发育基本规律及特征

2.1　岩溶地质概述

2.1.1　岩溶的概念和特征

岩溶,国外称之为 Karst(音译为喀斯特),原为 Kras,即石头的意思,是斯洛文尼亚境内伊斯特里亚半岛(Istria Peninsula)上一个有石灰岩分布的地方的地名。这个地方靠近意大利,意大利人称之为 Carso,而德国人称之为 Karst,后来即以德语 Karst 命名这类地貌现象;英语也沿用此名称。我国也像世界上其他国家那样,在描述或研究这种孕育着奇峰异洞的石灰岩地貌时,仍沿用这一专有名词,并音译为"喀斯特"。

1966 年 3 月,在广西桂林召开的中国地质学会第一次全国岩溶学术会议上,根据一些学者的提议,认为"喀斯特"在我国分布广泛而典型,与广大人民日常生活及经济建设具有密切的关系,而用音译"喀斯特"不易为群众所理解,于是建议另用可反映这种作用与现象的名称以代替之。通过百多位学术界人士的讨论,最后选用"岩溶"这一名称。因为奇峰异洞这种现象,就是由于岩石被水溶解这个主要因素而产生的,采用岩溶这个名称,可以反映这种地质作用的本质。

岩溶,主要是指水对可溶性岩石——碳酸盐岩(石灰岩、白云岩等)、硫酸盐岩(石膏、硬石膏等)和卤化物岩(岩盐)等的溶蚀作用,及其所形成的地表及地下的各种景观与现象。在岩溶作用过程中,经常伴随发生的侵蚀、潜蚀、冲蚀、崩塌、塌陷与滑动,以及化学、物理与机械的风化、搬运、堆积与沉积等作用,还有不少的生物,例如微生物、菌类、藻类、植物与动物的生命活动及其死亡机体的分解作用等,都可对岩溶的发育产生影响。岩溶作用多数是发生在大气降水的条件下,也可在冰雪覆盖的环境中进行;地下的热液活动可以产生另一类热液岩溶作用,所有这些作用,都是以可溶岩被水溶解的作用为基础的,所以最本质的现象就是"岩石的溶解",即岩溶作用。

岩溶作用的结果表现在以下两个方面:一方面形成地下和地表的各种地貌形态,如石芽、溶沟、溶孔、溶隙、落水洞、漏斗、洼地、溶盆、溶原、峰林、孤峰、溶丘、干谷、溶洞、地下湖、暗河及各种洞穴堆积物。另一方面形成特殊的水文地质现象,如冲沟,地表水系不发育;岩体透水性增大,常构成良好的含水层;岩溶水空间分布极不均匀,动态变化大且流态

图2-1 中国地势图

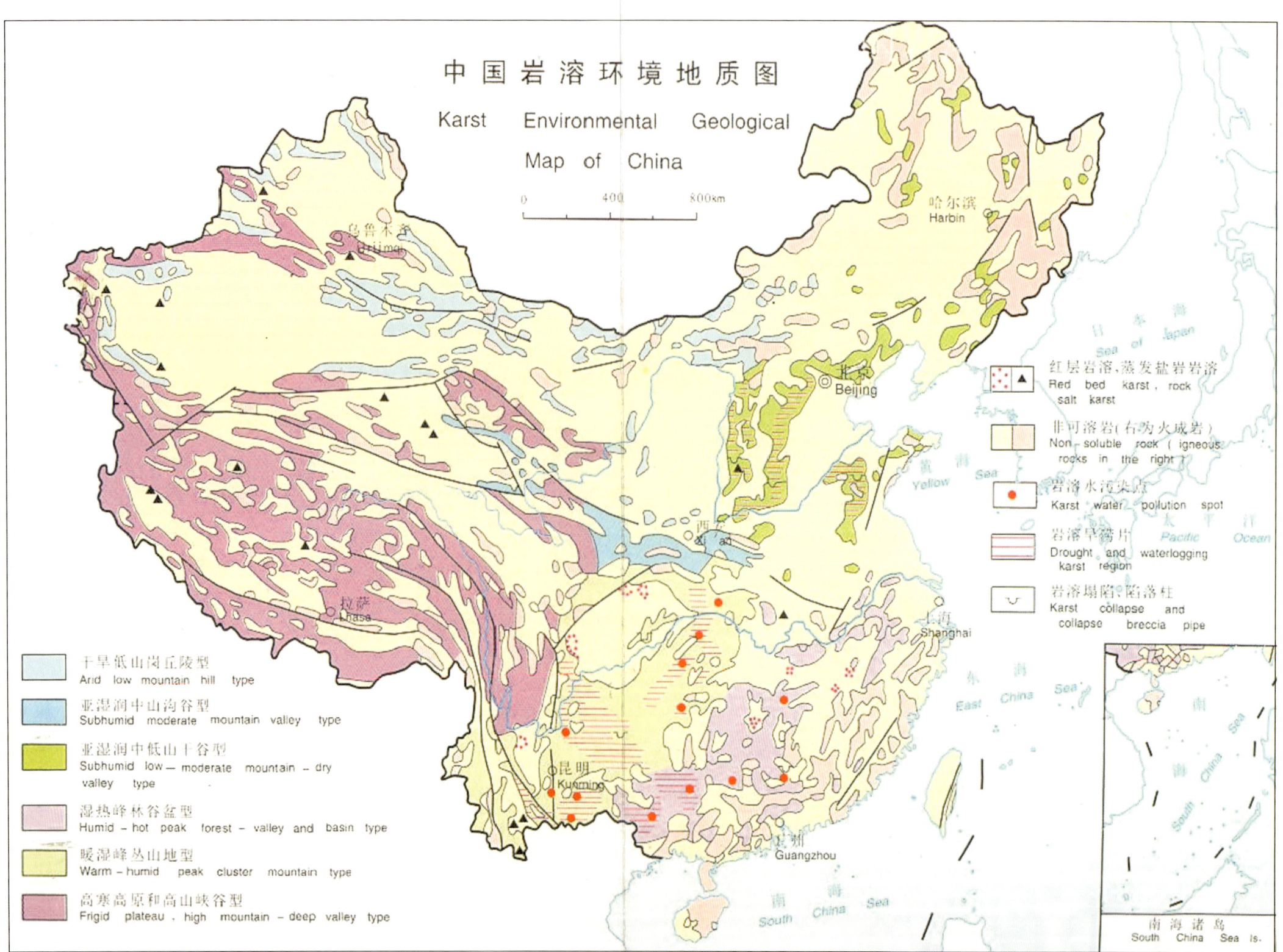

图2-2 中国可溶岩分布图

复杂多变;地下水与地表水互相转化迅捷;地下水埋深大,山区地下水分水岭与地表分水岭常不一致等。

2.1.2 岩溶的分布特征

岩溶在世界上分布十分广泛,从海平面以下几千米的地壳深处,到海拔 5 000m 以上的高山区均有发育。据估计,可溶岩在地球上的分布面积为:碳酸盐岩 $4000\times10^4 km^2$,石膏和硬石膏 $700\times10^4 km^2$,盐岩 $400\times10^4 km^2$。我国碳酸盐岩分布面积约 $200\times10^4 km^2$,占国土总面积的 1/5,其中裸露于地表的约 $130\times10^4 km^2$,占国土总面积的 1/7。碳酸盐岩分布的地理位置包括西南、华南、华东、华北等地以及西部的西藏、新疆等省区。在川、黔、滇、桂、湘、鄂诸省呈连续分布,面积达 $50\times10^4 km^2$,是我国主要的岩溶区。

我国碳酸盐岩形成于不同的地质时代。华南地区从震旦纪至下古生代的寒武、奥陶纪,上古生代的泥盆、石炭、二叠纪和中生代的三叠纪,碳酸盐岩总厚达 3 000~5 000m。华北地区则为震旦纪和下古生代,酸酸盐岩总厚度为 1 000~2 000m。这些碳酸盐岩为岩溶的形成提供了雄厚的物质基础。

2.1.3 我国岩溶发育的总体特征

1985—1989 年,中国地质科学院岩溶研究所先后开展了"中国南方岩溶塌陷研究"、"长江流域岩溶塌陷研究"和"中国北方岩溶塌陷研究"等项目。1988 年,铁道部第二勘测设计院还开展了"铁路沿线岩溶塌陷及防治"工作,基本摸清了我国岩溶塌陷发育的现状和宏观分布规律,确定了我国岩溶塌陷的基本类型。

我国地势总体呈现"西高东低,阶梯状分布"的特征(图 2-1):第一阶梯以青藏高原为主,平均海拔在 4 000m 以上;第二阶梯主要为西北的三山夹两盆(阿尔泰山、准噶尔盆地、天山、塔里木盆地、昆仑山)、中部的黄土高原、西南的四川盆地和云贵高原,海拔 1 000~2 000m;第三阶梯以平原丘陵为主,海拔多在 500m 以下,有黄淮平原、长江中下游平原、丘陵等。

我国属季风气候,由于高原阻碍,暖湿气流都被阻碍在平原地带,形成降雨。而西北部和青藏高原等地降雨很少。岩溶发育与地形、降水、岩性、构造等诸多因素关系密切,我国独特的季风气候与阶梯地貌特征形成了岩溶北弱南强、山区垂向岩溶地貌发育、平原区覆盖型岩溶发育的总体特征(图 2-2)。

2.2 岩溶地质

2.2.1 一般规律

可溶性岩石是岩溶发育的必备条件。可溶性岩石按它们溶于水的程度又可分为难溶于水的、中等溶于水的和易溶于水的三种。岩石性质不同,岩溶的发育速度也不同,如表2-1所示。

表2-1 可溶岩性质与岩溶速度的关系

可溶岩的岩石性质	岩溶速度	岩溶分布
难溶于水的碳酸盐岩石(石灰岩、白云岩)	较 慢	分布广(常见)
中等溶于水的碳酸盐岩石(石膏、硬石膏)	中 等	分布少
易溶于水的碳酸盐岩石	较 快	分布更少

同一种岩石(如石灰岩)由于所含的物质成分不同,岩溶的发育速度也不相同。纯质石灰岩被水溶解的能力较强,岩溶一般较发育。石灰岩中如含有黏土、硅质、白云石、沥青、有机质等杂质时,石灰岩被水溶解的能力降低,因此,岩溶的发育程度也降低。相反,如果石灰岩中含有黄铁矿(因黄铁矿氧化反应产生硫酸,促进岩石溶解),能加速岩溶发育。

2.2.2 岩溶与岩层的关系

岩层组合关系是影响岩溶的一个重要的物质因素。碳酸盐岩的岩层组合是指碳酸盐岩层与非碳酸盐岩层在地层中的组合关系及其所构成的各种不同含水层系在岩溶作用方面的差异性。对一定的地层层位而言(如统或组),碳酸盐岩岩层的组合通常可分为单一状和间互状两种形式。一般来说,岩溶最发育的是全部以纯碳酸盐岩组成的岩层组合;对于间互状岩层组合,岩溶化程度随着非可溶岩层的增多而减弱。

鉴于不同岩溶层组类型的岩溶水动力条件不同,表现的岩溶地貌形态及其规模也不同。因此,划分岩溶层组类型不仅便于对一定的地层单位(如统或组)作出岩溶发育程度的评价,也是研究岩溶地区工程地质和水文地质条件的重要依据。

从铁路工程地质观点出发,按下列条件划分岩溶层组类型:
(1)碳酸盐岩的岩石成分。
(2)碳酸盐岩的岩层组合——单层、互层或夹层。
(3)碳酸盐岩的成层构造条件——岩层层厚。

研究一个地区的岩溶发育程度需要结合该区的岩溶层组类型、地质构造条件、岩溶地貌部位以及岩溶发育历史等特点来综合考虑。据相关地区碳酸盐岩试验资料表明,碳酸盐岩的溶蚀程度取决于比溶解度(CaO/MgO),即碳酸盐岩中方解石的含量增加,可溶程度提高;若碳酸盐岩中白云岩含量增加,可溶程度则减小。岩石方解石含量愈多,愈趋纯碳酸盐岩岩组,则越易溶解,岩溶越发育(图2-3)。

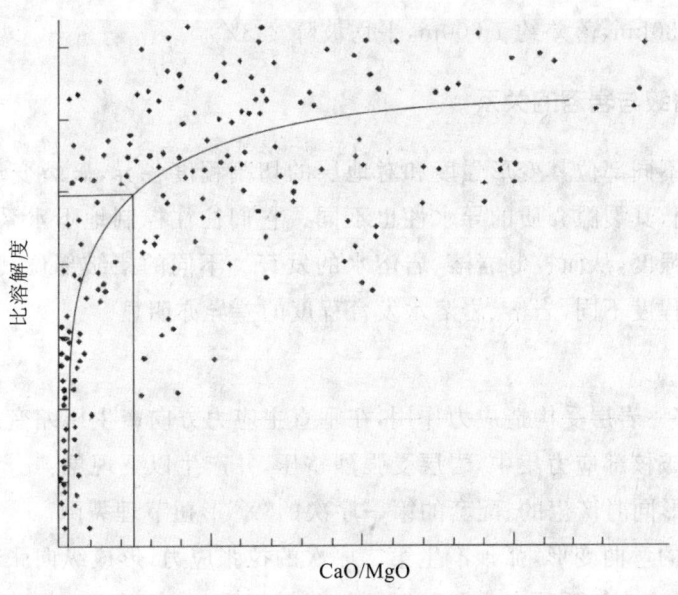

图2-3 CaO/MgO与比溶解度相关图(邹成杰等,1994)

2.2.3 岩溶与地质构造的关系

地质构造主要包括断裂和褶皱,对地下水循环运动的途径和方向起着重要的控制作用,因而对岩溶发育产生重要影响。

因岩层褶皱,伴生和派生的裂隙系统一方面为地下水的活动提供了通路,另一方面,因褶曲变形的隔水层又限制着地下水的循环补排,所以岩溶发育也具有不同的特点。当向斜褶皱的核部形成承压水时,一般情况下,岩溶发育可能相对均一。但是,如果有显著的张裂带产生,也可能发育横穿向斜的倒虹吸状的岩溶管道。在背斜褶皱中,沿背斜轴部上层的纵张和横张裂隙,也可能发育岩溶管道。

溶洞通道网络的组合格式与溶洞区碳酸盐岩的主导裂隙方向相当一致。一般认为,压性或压扭性裂隙透水性弱,构造岩也比较密实,常形成阻水带,但断层两盘的碎裂岩带,由于岩体破碎松弛,又常成为地下水的活动带。除此之外,层面和裂隙对岩溶发育有重要作用。特别是不纯碳酸盐岩或碳酸岩与非可溶岩之间互层组合中,溶洞和岩溶管道沿层面和层间裂隙发育的现象十分普遍。很多落水洞或溶洞就是沿层间裂隙和切层裂隙相连接的部位发育的,一些岩溶管道常呈阶梯状向地下延伸,或者曲折前进,通向岩溶水的排泄区。

以下以宜万铁路为例(顾湘生等,2012),详细说明岩溶与地质构造对铁路工况的影响。

宜万铁路主要位于长江一级支流的清江流域,它发源于湖北省利川市齐岳山东麓,自西向东经利川市、恩施市、建始县、宣恩县、巴东县、五峰县、长阳县,于枝城市陆城镇北注入长江,全长约430km,落差约1 000m,平均坡降2.3‰。

2.2.3.1 褶皱与岩溶的关系

褶皱变形的不同部位其变形强度和对地层的切割程度各异,破裂变形的力学性质不同,破裂程度不同,其裂隙介质的导水性也不同。它们往往控制地下水系统的边界,影响地下水流的交替强度,从而控制岩溶、岩溶水的发育。不同的褶皱部位其变形机制不同,破裂结构面切割程度不同,岩溶、岩溶水发育程度的差异亦明显。

1. 褶皱核部

(1)背斜核部。岩层受构造应力作用,在垂直主应力方向产生压缩变形,形成背斜、向斜褶皱构造。褶皱核部应力集中,岩层受强烈挤压,并产生以下现象:

a)与褶皱变形同时产生的、配套的第一序次的"X"形扭节理裂隙。

b)随着岩层的弯曲变形,弧顶产生第二序次的拉张应力,形成纵向张性裂隙。背斜核部该裂隙上宽下窄;向斜弧顶在中和面以下与背斜相反,上窄下宽。

c)随着褶皱变形的强烈,引起层面的大幅滑移,层间的扭应力(低序次)使层间产生大量破劈理。

d)随着褶皱变形的加剧,使岩层内物质顺层间引起重分配,使褶曲的顶部加厚,翼部变薄;刚性岩层(如灰岩)因厚度难改变,结果在褶曲顶部岩层间相互脱开(形成顶部"虚脱"现象)间形成空隙空间。

褶皱核部是地应力集中、岩体变形最强烈的地方,上述破裂结构面的叠加,使节理裂隙集中、密集发育,提供强渗流通道,且易溶蚀成槽谷、洼地,有利于地表水的汇集及集中渗漏,为岩溶、岩溶水的发育提供了场所和条件。如齐岳山隧道工程区为紧密背斜褶皱,核部组成背斜山地,并发育纵向槽谷、洼地,有利于降雨、地表水的汇聚。岩层较陡立,层间裂隙(破劈理)、核部构造节理裂隙发育,有利于岩溶的发育及地下水的渗漏、储存。2006年7月5日因暴雨(120mm/d)在背斜核部DK363+095～+103掌子面右拱腰、边墙大突水达13 000m³/h(图2-4、图2-5)。

(2)向斜核部。向斜核部的受力变形机制与背斜核部类似,只是向斜核部岩层弯曲弧顶变形强烈部位位于中和面以下,处于深埋部位,岩溶化作用难于企及。但它对岩溶、岩溶水发育的控制作用仍不可忽视。

向斜核部处于负地形时,向斜两翼组成山地和斜坡,向斜核部标高最低,成为地表水

第二章 岩溶发育基本规律及特征

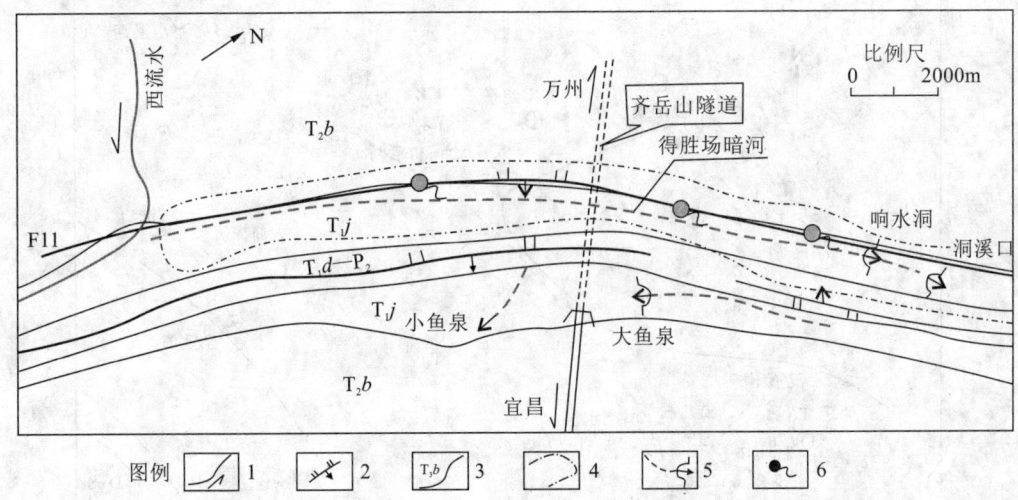

图 2-4 齐岳山隧道地区水文地质平面略图（顾湘生等,2012）
1.地表河流及流向；2.断层；3.地层界线；4.分水岭；5.暗河及出口；6.泉

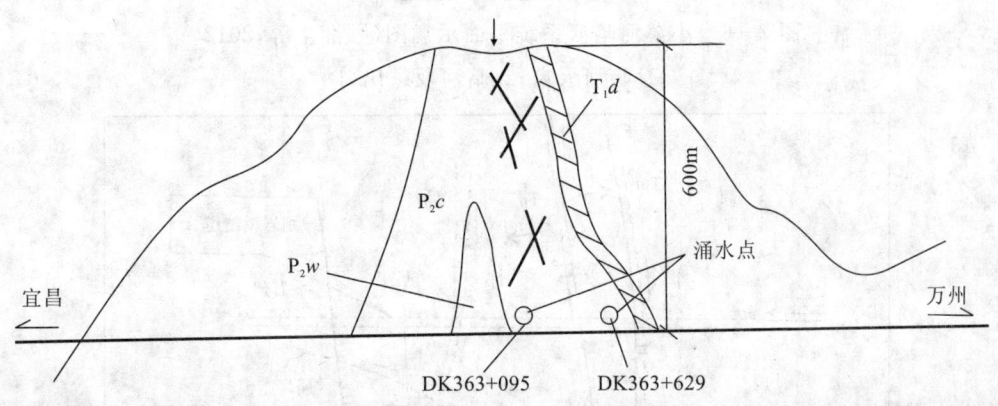

图 2-5 齐岳山背斜核部纵断面涌水点（顾湘生等,2012）

和地下水汇聚、径流、排泄的场所，常发育大型暗河溶道，也常是排泄基面的所在地，如小溪暗河即发育于金子山复向斜的小溪次级向斜中（图 2-6）。

2. 褶皱的转折部位

背斜的倾伏端、褶皱的转折部位，岩层皆发生曲面弯曲，产生低序次应力场，岩层的受力条件与背斜核部类似，节理裂隙密集，有利于岩溶发育，是岩溶的多发部位。

（1）别岩槽隧道为箱型背斜，核部岩层产状平缓，岩体变形、变动较小，节理裂隙欠发育；箱型背斜核部横剖面两侧的转折端（核部产状平缓处至两翼产状变陡的转折部位）应力集中，岩体变形较大，破裂结构面（断层和节理裂隙）发育（如东翼的茨竹垭断层等），相应岩溶随之发育，庙坪暗河的主要径流段、隧道出口突水截流庙坪暗河的地段皆位于转折端（图 2-7、图 2-8）。

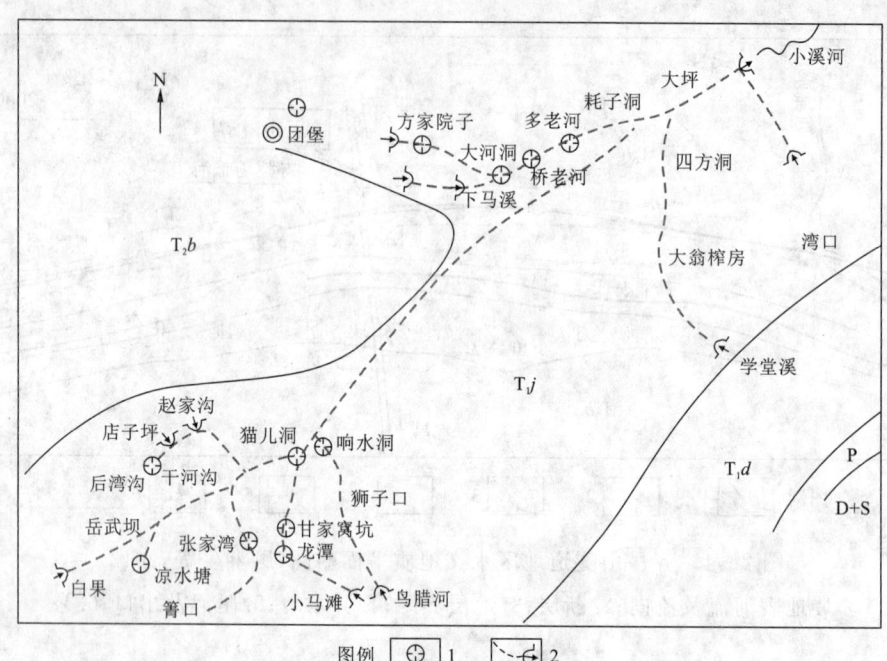

图 2-6 小溪河暗河系统平面示意图(顾湘生等,2012)
1.暗河天窗;2.暗河及进出口

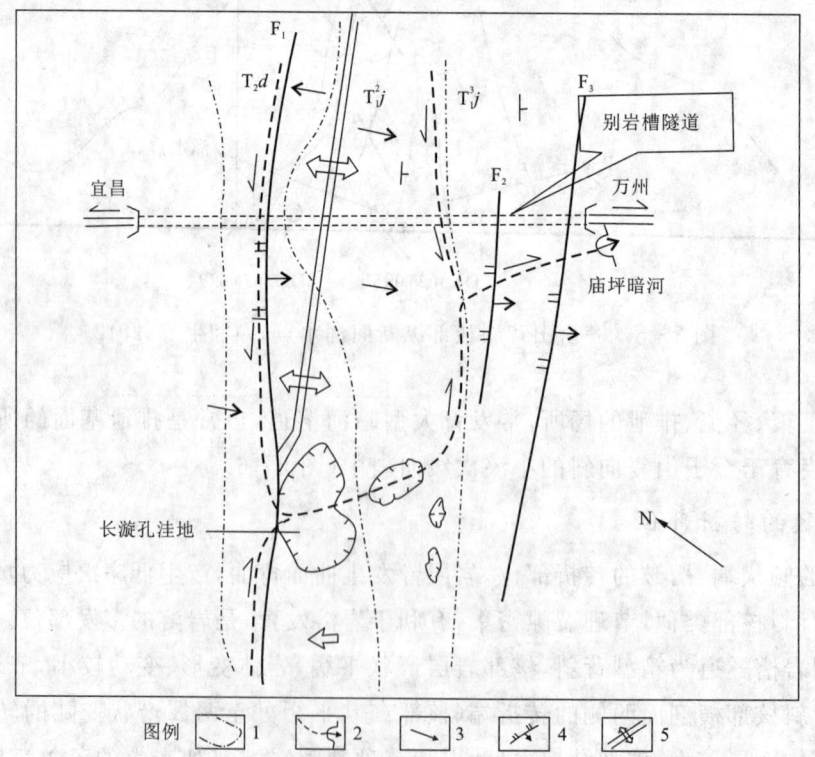

图 2-7 别岩槽隧道区水文地质平面示意图(顾湘生等,2012)
1.分水岭;2.推测暗河及出口;3.地下水流向;4.岩层界线;5.背斜轴道

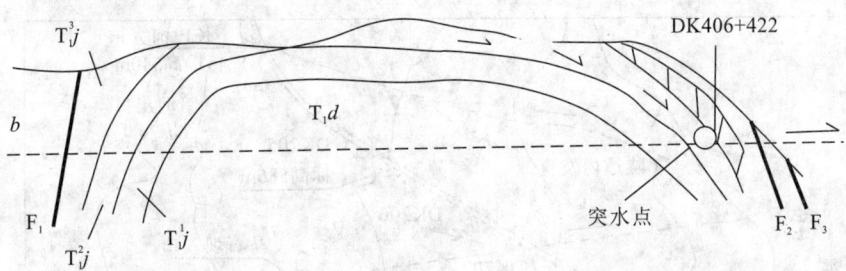

图 2-8 别岩槽隧道剖面背斜翼部转折端汇水示意图(顾湘生等,2012)
$T_1^2 j$. 灰岩;$T_1^3 j$. 泥质灰岩为主

(2)鲁竹坝隧道进口大型溶腔即发育于背斜倾伏端的转折部位(图2-9、图2-10)。

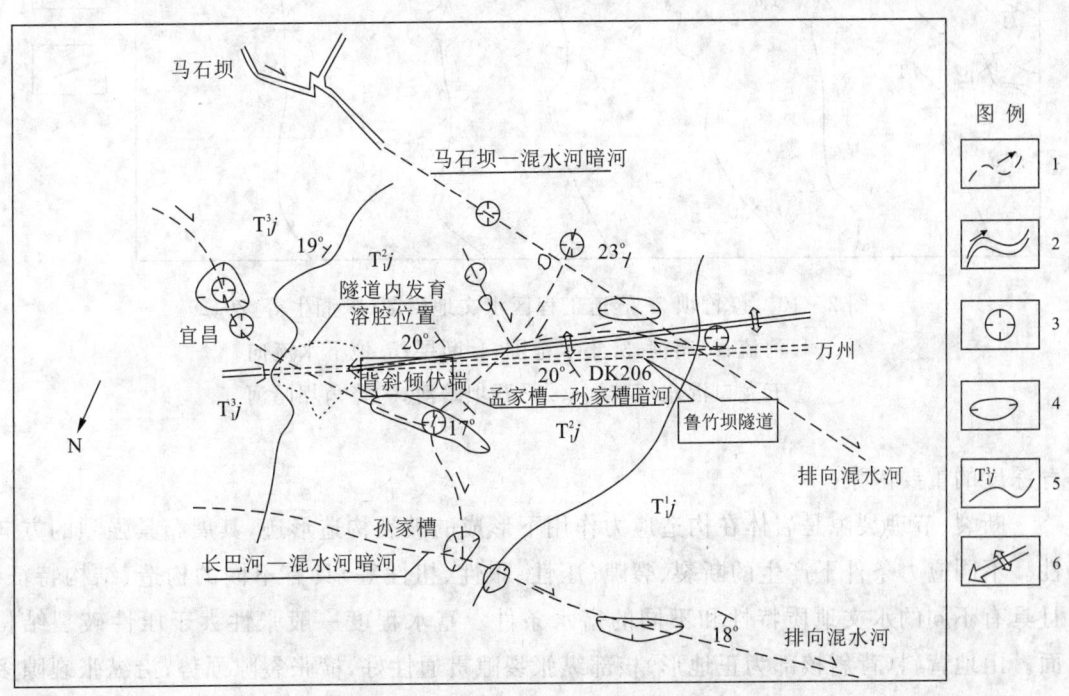

图 2-9 鲁竹坝 2# 隧道溶腔地质图(顾湘生等,2012)
1.推测暗河及流向;2.实测暗河及流向;3.暗河天窗;4.岩溶洼地;
5.地层界线;6.背斜轴部及倾伏端

2.2.3.2 结构面与岩溶的关系

地质构造破坏了岩体的完整性,从而增加了岩石的透水性,改善了水在可溶岩岩体内的循环条件,强化了水的溶蚀作用,促进了岩溶的发育,因此,破裂结构面控制岩溶发育的强度。灰岩等的透水性主要受风化裂隙、构造裂隙的发育程度等因素的影响,而风化裂隙仅涉及表层,构造裂隙才能涉及深部。因此,构造带(断裂带、裂隙密集带)是控制岩溶发

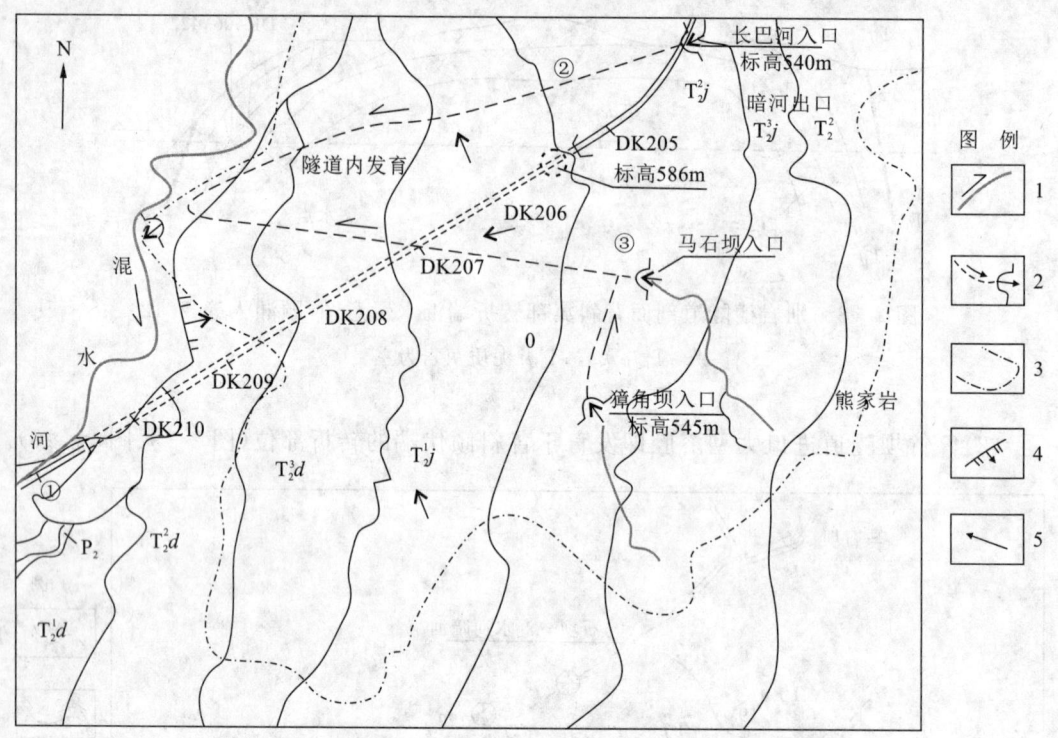

图 2-10 鲁竹坝 2# 隧道工程区水文地质图（顾湘生等，2012）
1.河流；2.暗河；3.集水范围；4.断层；5.地下水流向
①五龙口混水河暗河；②马石坝暗河；③獐角坝暗河

育深度的重要因素。

　　断裂、节理裂隙是岩体在构造应力作用下形成的破裂构造形迹，其展布具强烈的方向性。不同应力条件下产生的断裂、裂隙（压性、张性、扭性等）具有不同的构造、结构特征，且具有不同的水文地质特性和不同的富水条件。富水程度一般张性大于压性破裂结构面。山地背斜（背斜核部为正地形）核部纵张裂隙贯通性好，横张裂隙强势；沿纵张裂隙多发育大型溶蚀洼地、串珠状漏斗，涉及较大范围的汇水面积，形成对地下水的补给。横张裂隙溶蚀发育强烈，终将成为导水通道，将背斜核部的岩溶水导入纵向（沿地层走向）富集带，形成管道流、暗河（溶道型岩溶）。如鲁竹坝隧道工程区为背斜构造，地貌走向、次级分水岭、带状溶蚀洼地都与构造线一致；马石坝—混水河暗河沿强势的横向张裂隙（N60°~90°W）发育（图 2-10）。又如，长阳背斜核部台原山地沿张性裂隙发育大型负地形的封闭洼地等，形成补给区，沿横张裂隙发育的溶隙，将核部岩溶水导至"接触带"（奥陶系下统碳酸盐岩与奥陶系中上统泥灰岩阻水层接触带）汇聚成纵向富水带，形成纵向管道流（图 2-11）。

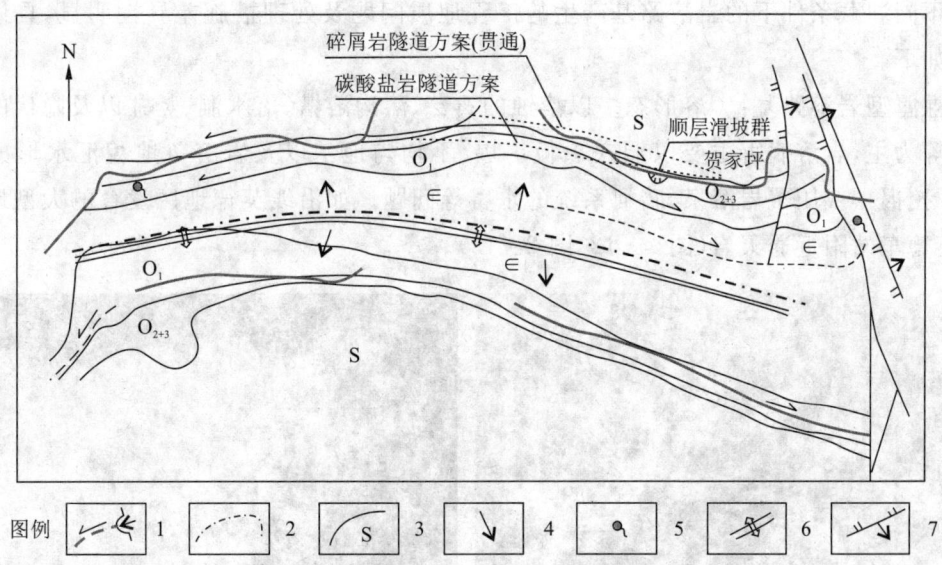

图 2-11 长阳背斜北部水文地质平面略图（顾湘生等，2012）
1.暗河；2.分水岭；3.岩层界线；4.地表水流向；5.泉；6.背斜轴部；7.断裂构造

2.2.4 岩溶路基

路基是指按照线路位置和一定技术要求修筑或开挖而形成的直接支承轨道或路面的带状构造物，也叫作线路下部结构，与桥梁、隧道相连共同构成线路。路基可划分为两种基本形式：路堤（填方）和路堑（挖方）。

岩溶路基从广义角度上讲是指修筑在可溶岩地段的路基，从狭义角度讲主要是指溶蚀作用或岩溶水文地质作用对路基工程有明显或强烈作用的地段。必须重点考虑岩溶、岩溶水对工程的影响，结合工程重要性、安全等级等进行加固整治。

目前岩溶路基比较广泛的分类标准主要是依据岩溶埋藏条件划分为裸露型、浅覆盖型、覆盖型、埋藏型等，具体见表 2-2。

表 2-2 岩溶按埋藏条件分类

类 型	裸露型	浅覆盖型	深覆盖型	埋藏型
地表可溶岩出露情况	大部分	少量	几乎没有	无
覆盖土层	土	土	土	非可溶岩
覆盖土厚度 h/m	<10	<30	≥30	—
地表水与地下水连通情况	密切	较密切	一般不密切	不密切

不同埋藏条件下的岩溶路基产生的工程地质问题及处理措施差异性明显,具体分析说明如下。

裸露型岩溶路基:岩溶形态多以溶蚀的石芽、溶沟溶槽、落水洞、竖井以及隐伏的溶蚀洞穴等为主,岩溶病害主要以洞穴顶板坍塌、不均匀地基以及岩溶负地貌汇水形成的浸水、开挖揭露或压覆岩溶泉、暗河系统的水害等问题。如沿线英德地区发育的大型地下暗河、英德车站附近通天岩(图2-12、图2-13)。

图2-12 英德地区地下暗河　　　　图2-13 英德车站附近通天岩

覆盖型岩溶路基:在覆盖型岩溶区,由于水动力条件的变化,常在上覆土层中形成土洞,甚至是地表塌陷(图2-14),危及铁路建设及运营安全。此外,覆盖型岩溶的地基土为软土、松软土或者是沉降计算不满足要求的第四系土层时,原则上均应进行加固处理。

图2-14 南岭隧道排水引起的覆盖型岩溶区地面塌陷

埋藏型岩溶路基：由于路基与可溶岩地层多间隔有非可溶岩地层，岩溶水与路基填筑区第四系土层地下水水力联系一般较弱，仅对勘探石油和地下水具有重要的意义，一般不按岩溶路基处理。

2.3 岩溶国内外研究现状

1. 国外在岩溶塌陷灾害方面的研究

岩溶地面塌陷是全球广泛分布的地质灾害问题。据不完全统计，已有包括中国、美国、南非、法国、英国、德国、俄罗斯、波兰、捷克、南斯拉夫、比利时、土耳其、加拿大和以色列等16个国家发生过严重的岩溶地面塌陷。

岩溶塌陷发育的广泛性与危害性，已引起国际社会的普遍关注，进入70年代以来，召开了多次与塌陷有关的国际会议，使世界各国的研究者有机会交流和商讨解决这一地质灾害问题的经验与方法。例如，1973年，国际工程地质协会在西德的汉诺威首次举行了"岩溶塌陷与沉陷：与可溶岩有关的工程地质问题"国际讨论会。有13个国家参加，提交了47篇论文，分四方面议题：①塌陷和沉陷形成的地质和地球化学条件；②塌陷与沉陷的机理；③塌陷区的区划和地下洞穴位置的探测方法；④工程实例和工程措施。

1983年由Barry Beck和Herring负责成立了美国佛罗里达州岩溶塌陷研究所。

1984—2008年先后在美国佛罗里达州、密苏里州、肯塔基州、德克萨斯州举行了11届"岩溶塌陷和岩溶的工程与环境影响多学科国际讨论会"。1996年，美国学者George Sowers编写了《Building on Sinkholes：Design and Construction of Foundations in Karst Terrain（塌陷上的建筑物——岩溶区的基础设计与施工）》，全面介绍了岩溶塌陷的机理和防治问题。2004年，英国学者Tony Waltham等组织来自各国的20多位专家编写了《Sinkholes and Subsidence：Karst and Cavernous Rocks in Engineering and Construction（塌陷与沉陷——岩溶与洞穴发育岩体中的工程与建设）》，系统介绍了工程活动中岩溶隐患的处置问题。

国外在岩溶塌陷灾害研究方面，主要注重如下几个方面：

(1) 岩溶塌陷发育条件的勘测技术。岩溶塌陷发育的基本条件是要存在隐伏岩溶，对具有高度不均一性的隐伏岩溶发育带的探测一直都是世界难题，发达国家由于制造技术、电子设备方面的优势，先后将地质雷达、高密度电法、浅层地震、CT层析法等地球物理方法运用到了这一领域。

(2) 岩溶塌陷发育的过程、机理和临界条件研究。岩溶塌陷发育机理的揭示是有效防治的前提，由于岩溶塌陷发育过程的特殊性，使得模型试验成为主要的研究手段。例如，1970年日本学者Nogushi、1986年苏联学者B.Ⅱ.XOMEHKO、1984年美国学者Ralph J. Hodek、1995年美国学者Thomas M. Tharp先后采用物理模型试验或数值分析的方法，系统研究了非黏性土潜蚀塌陷的过程。

国外一些学者还尝试采用岩土工程离心机进行塌陷试验,如 Borms 和 Bennermark (1967)、Marir(1984)专门研究了上覆软土"突入"隧道造成地面下沉塌陷问题;Bertin (1978)针对佛罗里达州的土层情况,模拟了上覆砂层、粉砂层的塌陷问题;Howell 和 Jenkins(1984)模拟研究了英国岩盐洞穴的上覆砂层塌陷;Sterling 和 Ronayne(1984)试验了洞穴上覆黏土层的沉陷,但没有测量黏土的强度,也没有把结果推广到其他土层条件;在 Sterling 的基础上,Craig(1990)用离心模型研究了黏土直接覆盖洞穴或黏土-砂层-洞穴的条件,建立起无量纲的安全系数(VS)的极限值,塌陷与土层强度、土层厚度、其他上覆荷载和洞穴开口直径有关,然后,运用他的无量纲比率,可以推广到其他没有专门模拟的土层条件,他还检验了一个简单的分析模型,去预测他所观测的塌陷发育机理;以 Craig 的试验为基础,Maryland 大学的 Abdulla 和 Goodings(1996)运用离心机塌陷破坏机理和导致塌陷的临界组合条件,重点研究了上覆在洞穴上方的弱固结砂层的塌陷破坏与洞穴开口大小、洞穴自身强度、弱固结砂层强度厚度、上覆砂层的厚度和地表荷载的关系。

(3)岩溶塌陷基础数据库建设。国外一直比较重视岩溶塌陷灾害基础数据库的建设工作,并提出了数据格式标准。早在 1984 年美国存在严重岩溶塌陷问题的宾夕法尼亚州和佛罗里达州相继建立了岩溶塌陷数据库;1988 年第五届国际滑坡会议组建了世界滑坡目录工作组,开始建立世界滑坡目录。进入 90 年代,GIS 技术的普及和发展,使数据库建设提升到可视化阶段,美国国家及一些州地调局开始直接向用户提供基于 GIS 的地质灾害数字图件,并直接放在互联网上供用户下载。如全美滑坡图、宾夕法尼亚州地质调查局 William E. Kochanov 博士制作的宾夕法尼亚州岩溶塌陷图等。英国国家地调局的 A. H. Cooper 建立了基于 ArcView 的岩溶地质灾害数据库。

(4)岩溶塌陷危险性预测与风险评估。运用计算机技术,结合灾害发生的危险性与社会经济易损性,评估灾害风险,已成为近年来国外地质灾害研究工作的重要内容。1996 年美国克罗拉多大学研制开发了基于 GIS 技术的计算机决策支持系统(DSS),专门用于地质灾害的风险评价工作。美国的 D. Raghu(1984)采用泊松方程来模拟新泽西州 Warren 县在给定时间内、给定面积区域发生塌陷的概率。美国的 Sam B. Upchurch (1987)提出了用于塌陷风险评估的数据的评价方法。南非的 Frederk Calitz(2001)开展了南非 Lebowakgomo 白云岩地区潜在地面塌陷风险的评估工作。意大利的 Roberto Salvati 和美国的 Thomas M. Tharp(2001)提出了根据岩溶水压力对塌陷影响进行意大利中部 Latium 地区岩溶塌陷评估的概念模型。英国国家地调局的 A. H. Cooper(2001) 用 ArcView 对英国岩溶地质灾害进行了评估。

(5)岩溶塌陷预测预警。这是岩溶塌陷防治工作的重要课题,由于岩溶塌陷的产生在时间上具突发性,在空间上具隐蔽性,在机制上具复杂性,因此,被普遍认为难以采取地面常规监测手段,对塌陷进行监测预报。国外早在 1984—1987 年就尝试运用地质雷达进行潜在塌陷的监测工作,如美国学者 Benson 等在北卡罗来那州 Wilmington 西南部的一条军用铁路进行了试验,监测周期为半年,取得了良好的效果。但由于操作复杂、连续性较差,无法对测线外的潜在塌陷进行监测,因此难以在大范围内推广。TDR是时域反射法(Time Domain Reflectometry)的缩写,它是一种远程电子测量技术。其最早被应用于电力和通讯工业,用于确定通信电缆和输电线路的故障与断裂,近年来被应用到岩土工程监测中。如2001年美国K. M. O'Connor在马里兰州Frederick县境内的70#洲际高速公路采空区塌陷高风险区进行路基沉降监测。2002年,美国西北大学C. H. Dowding等首次将这一技术运用到岩溶区高速公路路基塌陷监测中,并在岩溶塌陷最为发育的佛罗里达州高速公路进行监测试验研究,但由于试验段为已建公路,只将电缆埋设在路边排水沟上,显然无法实现对路基土洞塌陷的预警,而且到目前为止,还没有成功预报的实例。

(6)岩溶塌陷对环境的影响。岩溶塌陷除了对工程设施造成破坏外,还会给环境带来很大影响,塌陷坑往往会成为地表工农业和生活污水灌入补给岩溶地下水的通道,给地下水带来潜在威胁,因此,岩溶塌陷将提高岩溶含水层的脆弱性。针对这一问题,美国在塌陷危险区开展工程建设,如高速公路、废物堆放场地等,都必须对地表污水通过塌陷坑进入含水层的可能性进行监测评价。

2. 国内在岩溶塌陷方面的研究

作为我国六大类型地质灾害之一,岩溶塌陷一直受到国家有关部门和学者的高度重视,特别是近20年来,投入了大量人力物力,开展岩溶塌陷防治研究工作,取得了大量成果。1997、1998年先后在桂林市和牡丹江市举办了两届"地面塌陷及其对工程建设的影响与防治"学术讨论会。主要成果包括:

(1)我国岩溶塌陷的宏观分布规律。岩溶研究所先后开展了"中国南方岩溶塌陷研究""长江流域岩溶塌陷研究"和"中国北方岩溶塌陷研究"等项目,此外,有关单位还开展了"铁路沿线岩溶塌陷及防治"工作,基本摸清了我国岩溶塌陷发育的现状和宏观分布规律,确定我国岩溶塌陷的基本类型。

(2)岩溶塌陷的机理研究。1993年,岩溶地质研究所建立起大型物理模型试验和渗透变形试验为代表的岩溶塌陷试验室,对武汉、唐山、湘潭、玉林、桂林、铜陵等城市不同类型岩溶塌陷发育的机理进行试验研究,取得了很好的效果。2004年,实验室进行彻底改造,引进了美国Geomation公司生产的2380数据自动采集系统,对试验过程进行全自动监测,使试验研究工作上升到新的高度,也使开展岩溶塌陷临界条件的研究成为可能。

(3)岩溶塌陷的勘查评价技术。包括地质雷达、浅层地震和电磁波、声波透视(CT)等技术在内的综合物探方法,在地矿部门组织实施的武汉、唐山、湘潭、玉林、桂林、深圳等城市岩溶塌陷勘察中得到了很好的应用。2001年,刘传正主编的《地质灾害勘察指南》一书,针对不同的灾害类型,系统地提出了勘察技术与方法。

(4)岩溶塌陷灾害管理与风险评估。地理信息系统(GIS)技术已得到广泛应用,岩溶研究所从1997年起,结合岩溶塌陷灾害防治工作的特殊性,先后运用GIS技术,开发了桂林、玉林和六盘水三个城市的岩溶塌陷地理信息系统,并对岩溶塌陷灾害风险进行评估。2002年,岩溶所完成了"1/400万全国地面塌陷风险区划"工作。

(5)岩溶塌陷预测。研究表明,岩溶水(气)压力的变化在岩溶塌陷发育过程中具有重要意义,雷明堂等(1993)通过对武汉市岩溶塌陷模型试验,提出岩溶水位下降速率、幅度对塌陷发育有重要影响;何宇彬(1993)认为岩溶水动力是产生塌陷的根本原因;陈国亮等(1994)通过对铁路沿线岩溶塌陷研究,提出诱发塌陷的压强差效应;蒋小珍(1998)通过湘潭、铜陵等市岩溶塌陷的模型试验研究,指出岩溶水压力变化对塌陷具有重要的触发作用,可以以此作为衡量塌陷发育的临界条件,Tharp T M(2001)采用数学模型,分析研究了岩溶水水头变化对基岩面上土洞的稳定性的影响。1999年,在地质行业基金支持下,岩溶所开展了岩溶塌陷时空预报方法研究,提出了基于岩溶塌陷发育机理的系统压力监测方法,并成功地在桂林进行了试验。2000年,在新一轮地质大调查项目的支持下,岩溶研究所在广西桂林柘木开展了岩溶塌陷预测预报方法综合研究工作,为深入系统地研究岩溶塌陷打下良好的基础。光纤传感包括BOTDR(布里渊光时域反射)和OTDR(光时域反射),最早用于光纤质量的检测,如测量光纤的断点位置、光纤的轴向应变量和光纤损耗等。如果把光纤埋设在岩土体中,岩土体的变形、破坏将会引起光纤发生相应的应变甚至断点,因此通过测量光纤不同位置的应变量或断点位置,就可以计算出相应位置岩土体的变形量或破坏位置、规模,达到对岩土体变形破坏连续监测的目的。2005年岩溶所塌陷项目组与上海日本横河公司合作开展了BOTDR技术在岩溶塌陷监测预报的室内试验研究工作。

2.4 本章小结

岩溶,国外称为Karst(音译为喀斯特),原为Kras,即石头的意思,是斯洛文尼亚境内伊斯特里亚半岛(Istria Peninsula)上一个有石灰岩分布的地方的地名。我国地势总体呈现"西高东低,阶梯状分布"的特征:第一阶梯以青藏高原为主;第二阶梯主要为西北的三山夹两盆、中部的黄土高原、西南的四川盆地和云贵高原;第三阶梯以平原丘陵为主,有黄淮平原、长江中下游平原、丘陵等。

可溶性岩石是岩溶发育的必备条件。可溶性岩石按它们溶于水的程度又可分为难溶于水的、中等溶于水的和易溶于水的三种。此外,岩溶的发育与地质构造、岩层等因素有着密切的关系。

岩溶按照埋藏条件的不同可以分为:裸露型岩溶、覆盖型岩溶、埋藏型岩溶,不同类型的岩溶对铁路路基的影响效果不同,应采用不同的整治措施。

岩溶塌陷地质灾害已经逐步引起人们的重视,无论在国内还是国外都成为研究热点之一。我国目前取得的成果主要包括以下5个方面:①岩溶塌陷宏观分布规律;②岩溶塌陷的机理研究;③岩溶塌陷的勘查评价技术;④岩溶塌陷灾害管理与风险评估;⑤岩溶塌陷预测研究。

7.3 武广客运专线 K2107+206～+406 段岩溶路基施工过程

7.3.1 施工工艺及流程

岩溶注浆是利用惰性材料形成的浆液，在一定压力作用下注入岩溶裂隙、溶洞中以及软塑黏土体孔隙中，首先是填充岩溶溶洞及岩溶裂隙，其次是封闭岩、土界面，形成隔水帷幕，阻隔上层滞水与岩溶水的联系。

岩溶地基整治注浆工艺流程见图 7-15。

施工工序和工艺要点：

(1) 钻孔注浆按照三序进行。Ⅰ序孔为充填注浆孔兼先导孔，主要起充填岩溶及先导勘探作用，按照 7.0m 间距、正方形布置；Ⅱ序孔为充填注浆孔，对岩溶发育区起充填岩溶作用，在Ⅰ序孔正方形中心及溶洞位置插点加密，Ⅰ、Ⅱ序孔形成菱形布置，间距 5.0m；Ⅲ序孔为加密孔，对岩溶密集发育区域起压密注浆作用，在Ⅰ、Ⅱ序孔菱形中心插点加密，Ⅰ、Ⅱ、Ⅲ序孔形成正方形布置，间距 3.5m。原则上，岩溶易塌陷区实行两序钻孔注浆，岩溶极易塌陷区实行三序钻孔注浆。

(2) 在岩溶易塌陷区，Ⅰ序孔注浆实施中，在有溶洞、破碎带、裂缝等，或注浆出现明显漏浆(单位时间内注浆量超过正常一倍以上)的岩溶异常区域，实施Ⅱ序钻孔注浆。

(3) 在岩溶极易塌陷区，连续实施Ⅰ序和Ⅱ序钻孔注浆。在有溶洞、破碎带、裂缝等岩溶密集发育区域，实施Ⅲ序加密钻孔注浆。

(4) 钻孔终孔直径不小于 91mm，钻至设计深度后，埋入注浆管，注浆管底部安装止浆塞，孔口段用水泥浆加速凝剂凝固，待达到强度后，实施注浆。

(5) 在钻孔过程中土层和岩溶发育破碎带采用跟管干钻，钻至岩层后可采用饱和水钻进，严禁使用泥浆钻、大水冲水钻进。

(6) 注浆过程中，注意控制压力并加强巡视，避免污染环境(如水源、农田等)，发现异常情况，应立即采用相应措施。

7.3.2 岩溶注浆施工过程控制

1. 工艺试验

(1) 试验孔应选取 5 个以上Ⅰ序充填注浆孔兼先导孔作为注浆施工试验孔，进行成孔、压水及注浆施工试验。钻孔验证地层结构特征、土洞和岩溶发育等情况。注水和压水试验测试地层的渗透系数或吕荣值(Lu)。钻孔注浆施工试验验证封孔、止浆的工艺、针对不同的岩溶发育形态的充填浆液最佳配比、注浆压力、注浆量和浆液扩散半径等。试验程序为：钻机就位→钻孔→成孔→下注浆管→拔除套管并移钻机→封孔→洗孔→压水→压浆。

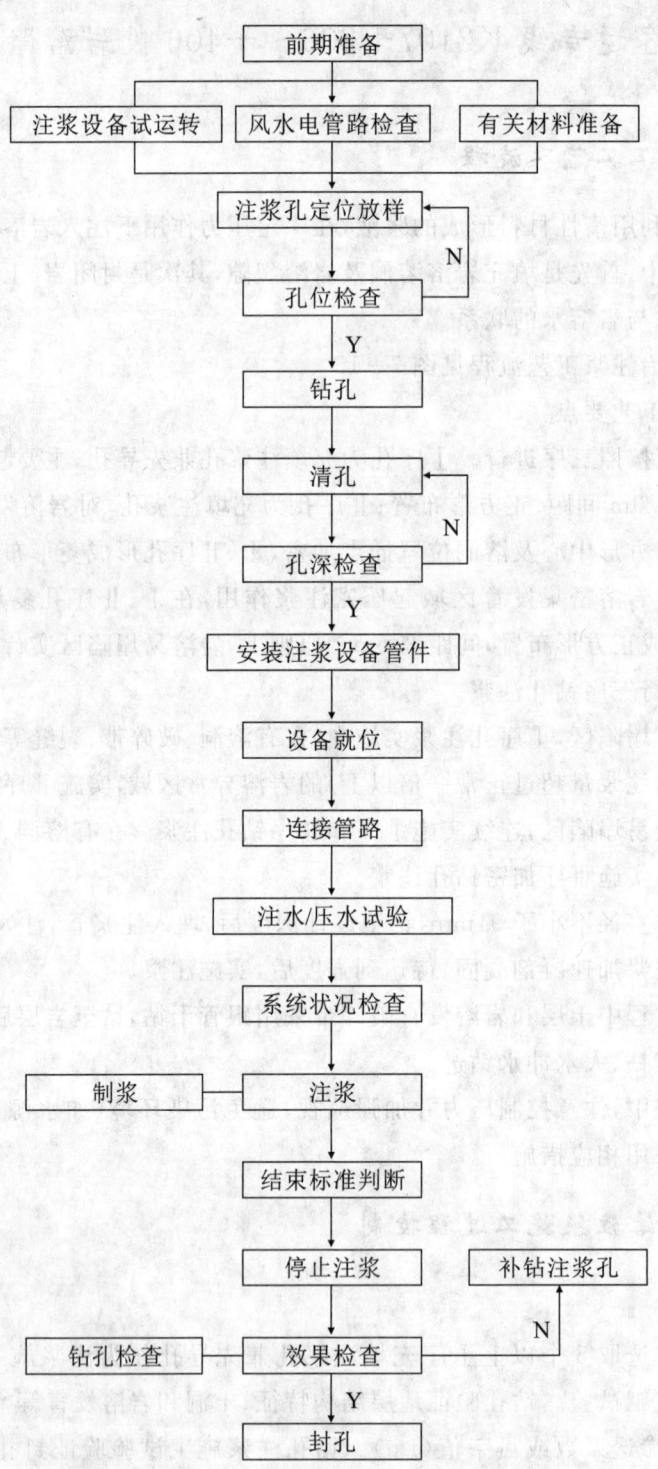

图 7-15 岩溶注浆工艺流程图

(2)按照设计文件的规定,注浆施工试验孔采用130mm开孔,91mm终孔。在钻孔过程中土层和岩溶发育破碎带采用跟管钻进,钻至岩层后采用饱和水钻进。终孔要求为钻至灰岩5m或5m灰岩中遇溶洞则钻至溶洞底板下2m。

(3)采用压水试验了解岩层渗透性和岩溶发育程度,以指导注浆工艺的确定,注浆前后岩层渗透性参数的变化可作为注浆效果的检测依据之一。压水试验是测定单位时间内在一定的压力下,岩层的吸水性(渗透性能)。结合岩石特征,压水试验选择为栓塞(胶球)密贴孔壁实施,结合岩层完整程度和构造特征划分试验段,压水试验段的长度为5~10m。

(4)试验成果。压水试验公式:

$$Lu = Q/PL$$

式中:Q——单位时间流量(L/min);

P——压力值(MPa);

L——过滤段长度(m)。

根据试验成果,计算吕荣值(Lu)值,确定可灌性,判断有无必要进行注浆加固处理。

(5)注浆试验包括封孔止浆的方法试验、浆液配比试验、注浆压力试验、注浆量的试验和注浆后浆液扩散半径的观测。

2.岩溶注浆施工过程控制

(1)施工准备。根据路基岩溶整治设计图各断面宽度进行土、石方开挖、回填、刷坡,土方回填地段按规定分层碾压密实至$K \geqslant 0.9$。同时完成临时排水沟、施工电力、施工用水和施工便道修筑等准备工作。

(2)桩位测量放线。依据岩溶注浆施工设计图,在整治范围内均匀布置注浆孔。钻孔注浆按照三序进行。Ⅰ序孔为注浆孔兼先导孔,主要起充填岩溶及先导勘探作用,按照7.0m间距、正方形布置;Ⅱ序孔为注浆孔,对岩溶发育区起充填岩溶作用,在Ⅰ序孔正方形中心及溶洞位置插点加密,Ⅰ、Ⅱ序孔形成菱形布置,间距5.0m;Ⅲ序孔为加密注浆孔,对岩溶密集发育区域起压密注浆作用,在Ⅰ、Ⅱ序孔菱形中心插点加密,Ⅰ、Ⅱ、Ⅲ序孔形成正方形布置,间距3.5m。原则上,岩溶易塌陷区实行两序钻孔注浆,岩溶极易塌陷区实行三序钻孔注浆。岩溶注浆孔位平面布置示意图详见图7-16。

(3)钻孔。注浆钻孔施工采用XY-100型地质钻机成孔,使用130mm孔径钻头开孔,91mm孔径终孔。在钻孔过程中土层和岩溶发育破碎带采用跟管钻进。当地表为土层时,注浆孔必须下孔口管;当地表为岩层或土层薄于1m时,注浆孔可不下孔口管,但孔壁必须光滑,否则需下孔口管。

在钻孔过程中,当产生孔壁坍塌或缩孔,影响钻进或注浆时,采用跟管钻进。土层和溶洞充填物需采用干钻,岩层可采用清水钻进,严禁使用泥浆钻进。所有钻孔均需全孔采取岩芯,并标识拍照。钻至岩层后采用饱和水钻进。终孔为钻至灰岩5m或5m灰岩中遇溶洞则钻至溶洞底板下2m。

当钻至设计深度后,埋入注浆管,施工时埋入两根注浆管,一根用于注浆,另一根用于

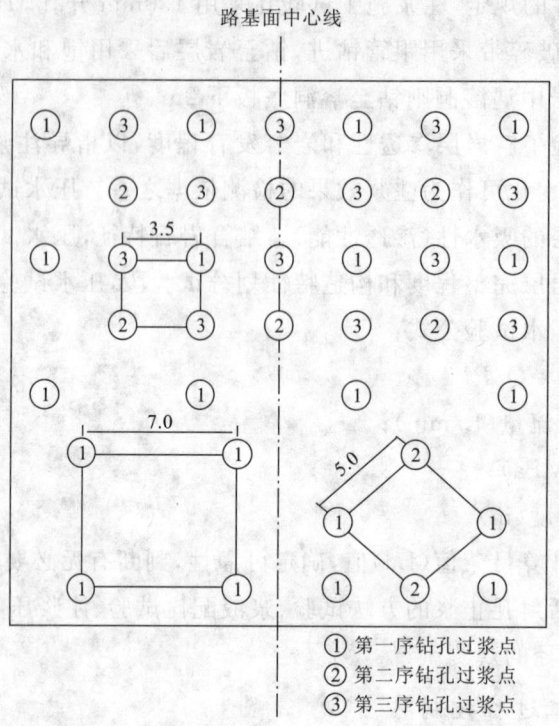

图 7-16 岩溶注浆孔位平面布置图

排水和注浆,注浆管底部安装止浆塞。钻孔孔位要准确,定位偏差小于 5cm。

(4)检查岩芯、封口。钻入设计深度后,检查芯样与设计是否相符。与设计相符时埋入注浆管,孔口段用水泥浆加速凝剂,待达到强度后,实施注浆;与设计不相符时,及时通知相关部门作相应处理。

施工段钻孔取得芯样图详见图 7-17。

(5)注水、注浆实验。正式注浆施工前,利用钻进成型的注浆孔选取 2~3 个代表性工点进行注水和压水试验、注浆试验,确定注浆压力、水灰比、注浆量,待初凝结束后,利用附近的注浆钻孔进行观测验证,以进一步修正注浆参数。

(6)注浆。岩溶注浆时,注浆泵安设大于 1.5MPa 压力表,注浆机采用止浆塞(胶球)止浆或在注浆管与孔顶部水泥砂浆封填的方式进行止浆,浆液水灰比(重量比)控制在 0.6∶1~1∶1 之间;对于极易塌陷区Ⅰ序孔可采用水泥砂浆灌注。

注浆材料采用 P.O 32.5 水泥、粉煤灰、中砂及水等。浆液用搅拌机均匀连续地拌制;浆液一般采用水泥和水配制,间歇反复注浆时,需添加速凝剂,掺入量一般不超过 3%;压密注浆按 $0.2m^3/m$,充填注浆在土层中按照 $0.6m^3/m$,在卵石层中按照 $1.0m^3/m$,在灰岩中按照 $1.8m^3/m$ 控制注浆量。

现场注浆施工时,可根据以下情况选取不同的浆液配比:

• 注浆孔施钻过程中,循环水可以翻出孔口时,宜选择稀浆液;

第三章 高速铁路线路与路基设计

3.1 高速铁路线路平面设计

3.1.1 最小曲线半径

最小曲线半径是限制列车最高速度的主要因素之一,且对工程费和运营费都有很大影响,因此合理地选择最小曲线半径是线路设计的重要任务之一。

最小曲线半径是高速铁路线路主要的设计标准之一。它与铁路运输模式、速度目标值、旅客乘坐舒适度和列车运行平稳度等有关。我国高速铁路在运输组织模式上为本线与跨线旅客列车共线运行的客运专线模式,在选用最小曲线半径时考虑了两个方面的因素:一是高速列车设计最高速度 $v_{\max}$、实设超高与欠超高之和的允许值($h+h_q$)等因素;二是高速列车最高运行速度 v_G、跨线旅客列车正常运行速度 v_D、欠超高与过超高之和的允许值(h_q+h_g)等因素。具体计算方法在此不再详述,可以参照相关文献。

3.1.2 最大曲线半径及曲线半径的选用

最大曲线半径标准关系到线路的铺设、养护、维修能否达到要求的精度。曲线的线形或轨道的平顺主要依据基桩控制曲线的正矢值或偏矢(不等弦测量)来保持。基桩决定于测设精度;正矢值则与曲线半径成反比,与弦长的平方成正比。当曲线半径大到一定程度后,正矢值将很小,测设和检测精度均难于保证极小的正矢值的准确性,可能反而成为轨道不平顺的因素。因此,应对圆曲线的最大半径加以限制。根据国外高速铁路的测设经验,如日本、法国在曲线地段沿线每隔 10m 设置一基桩作为线路的基准。法国高速线路基桩的点位误差控制在 1mm。

综合考虑线路测设精度和轨道检测精度,并参考国外试验线上最大曲线半径情况,对于我国客运专线铁路最大曲线半径一般不宜大于 12 000m,个别不大于 14 000m。

我国客运专线铁路设计暂行规定中正线平面圆曲线半径根据轨道结构类型按表 3-1 和表 3-2 选用。优先选用推荐曲线半径,慎用最小和最大曲线半径。曲线半径的选用应因地制宜,由大到小,合理选用,以使曲线半径既能满足行车速度和设置建筑物的技术要求,又能适应地形地质等条件,减少工程,做到技术经济合理。客运专线铁路由于曲线半径直接决定行车速度,应根据线路不同地段的行车速度适当选定相应的曲线半径;对于位于车站两端减、加速地段,由于行车速度较低,为减少工程,可选用与实际行车速度相适应的较小曲线半径;对于地形、地质条件困难,工程艰巨地段,也可适当选用较小曲线半径并宜集中设置,以免列车频繁限速,恶化运营条件。为增加曲线半径选择的灵活性,以适应特殊地形条件下节省工程投资的需要,必要时可采用最大与最小曲线半径间 100m 整数倍的曲线半径。同时要求正线不应设计复曲线,区间正线宜接线间距不变的并行双线设计,曲线地段应以左线(下行线)为基准,右线设计为左线的同心圆。

表 3-1　无砟轨道线路平面圆曲线半径

设计速度(km/h)	推荐曲线半径(m)	最小曲线半径(m)	最大曲线半径(m)
350	8 000～10 000	7 000(5 500)	12 000(14 000)
300	5 500～8 000	4 500(4 000)	12 000(14 000)

注:括号内数值为特殊困难条件下,经技术经济比选后方可采用的个别曲线半径。

表 3-2　有砟轨道线路平面圆曲线半径

设计速度(km/h)	推荐曲线半径(m)	最小曲线半径(m)	最大曲线半径(m)
350	9 000～11 000	7 000	12 000(14 000)
300	6 000～9 000	5 000(4 500)	12 000(14 000)

注:括号内数值为特殊困难条件下,经技术经济比选后方可采用的个别曲线半径。

3.1.3　缓和曲线

为使列车安全、平稳、舒适地由直线过渡到圆曲线或由圆曲线过渡到直线,在直线与圆曲线间必须设置一定长度的缓和曲线。缓和曲线是在直线与圆曲线的一段变曲率、变超高线段,其作用是在缓和曲线范围内完成曲率半径由直线上的无限大逐渐变化到圆曲线的曲率半径,曲线外股钢轨高度从直线上左右股钢轨水平一致逐渐变化到圆曲线时达到外轨超高值。在高速行车条件下,旅客对乘坐舒适度比较敏感,因而对缓和曲线的设置要求也更为严格。对于高速铁路的缓和曲线研究的重点是缓和曲线线形与缓和曲线的长度。

我国客运专线铁路设计暂行规定中规定缓和曲线长度应根据设计速度、曲线半径和地形条件按表 3-3 合理选用。

表 3-3 缓和曲线长度

曲线半径(m)	设计速度(350km/h)			设计速度(300km/h)		
	最大长度(m)	一般长度(m)	最小长度(m)	最大长度(m)	一般长度(m)	最小长度(m)
14 000	280	250	220	190	170	150
12 000	330	300	270	220	200	180
11 000	370	330	300	240	210	190
10 000	430	390	350	270	240	220
9 000	490	440	400	300	270	250
8 000	570	510	460	340	300	270
7 000	670	590	540	390	350	310
6 000	670	590	540	440	390	350
5 500	670	590	540	470	420	380
5 000				500	450	410
4 500				540	480	430
4 000				570	510	460

3.1.4 建筑限界

建筑限界分为铁路建筑限界、隧道建筑限界和桥梁建筑限界。世界各国的高速铁路建筑限界,由于所采用的机车车辆性能、结构尺寸、最高速度和运输模式各不相同,加之国情也不一样,所采用的研究方法和基本尺寸亦有所不同。建筑限界是高速铁路的基本技术标准之一,与设备设施的设计密切相关。通过分析,电气化铁路建筑限界的高度主要与接触网悬挂方式、结构高度、导线高度、带电体对地绝缘以及隧道、桥梁的断面尺寸和施工误差等因素有关;建筑限界的宽度主要与机车车辆限界的宽度、机车车辆运行中横向振动偏移量、轨道状态及一定的安全富裕量等因素有关。

结合我国高速铁路的特点,我国客运专线铁路建筑接近限界基本尺寸和轮廓如图 3-1 所示。

曲线地段的建筑限界,应考虑因超高产生车体倾斜对曲线内侧的限界加宽。其加宽量为:

$$W = H \times h/1\ 500 \tag{3-1}$$

式中：W——曲线内侧加宽值(mm)；

H——轨顶面至计算点的高度(mm)；

h——外轨超高值(mm)。

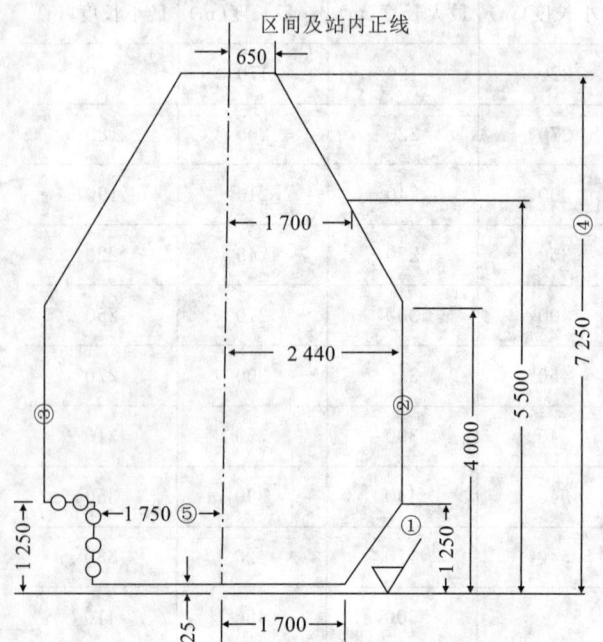

图 3-1　客运专线铁路建筑接近限界基本尺寸和轮廓图

①轨面高程；
②区间及站内正线(无站台)建筑限界；
③有站台时建筑限界；
④轨面以上最大高度；
⑤站内侧线股道中心至站台边缘的宽度。
注：1-○-○-○-站台建筑限界(正线不适应)；
　　2-各种建筑物的基本限界，也适用于桥梁、隧道(单位：m)

曲线上建筑限界的加宽范围，包括全部圆曲线、缓和曲线和部分直线，按图3-2所示阶梯加宽方法加宽。

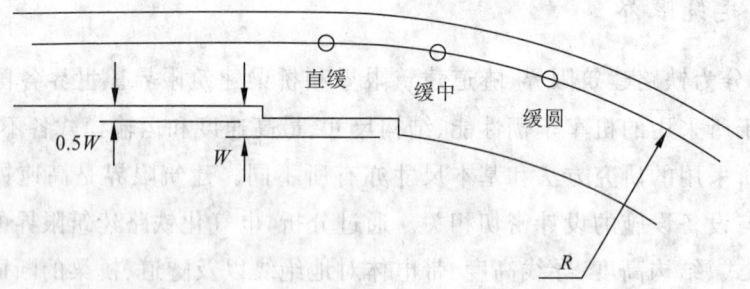

图 3-2　高速铁路建筑接近限界的曲线加宽方法

3.1.5　线间距

线间距是指相邻两股道(区间正线地段实际为上、下行线)线路中心线之间的最短距离。

由于高速列车运行时会产生列车风，相邻线路高速列车相向运行所产生的空气压力冲击波易震碎车窗玻璃，使旅客感到不适，甚至影响列车运行的稳定性，故高速线路的线间距较普通铁路有所增大。其大小取决于机车车辆幅宽、轨距、高速列车相遇产生的风压以及考虑将来铺设渡线道岔等条件。

国外高速铁路的线间距 D、交会列车相邻侧壁净间距 Y 和运行速度 v_{max} 之间的关系见表 3-4。

表 3-4 国外高速铁路 D、Y 与 v_{max} 的关系

国 家	日 本					法 国	德 国		
列 车	100系	200系	300系	WIN350	STAR21	TGV	ICE		
v_{max}/(km/h)	210	255	270	350	350	300	270	300	350
B/m	3.38	3.38	3.38	3.38	3.10	3.02	2.805	2.905	2.905
D/m	4.3	4.3	4.2	4.3	4.3	4.5	4.2	4.5	4.8
Y/m	0.92	0.92	0.82	0.92	1.20	1.48	1.395	1.595	1.90
$D(B=3.1)$/m	4.02	4.02	3.92	4.02	4.3	4.58	4.5	4.7	5.0

注：B 为车体宽度(m)。

确定线间距标准是一个灵活性相当大的问题。日本高速铁路的线间距最窄，它的会车压力波最大，对机车车辆的设计和制造提出了很高的要求，但可以节省土建工程投资，这对国土窄小的日本是十分重要的。而德、法两国的线间距比较宽，虽然对机车车辆的气密性、门窗等设计要求相对降低，但土建投资较高。因此，应结合国情、路情提出一个比较合理的数值。

根据国内的研究成果，结合国外高速铁路 D、Y 与 v_{max} 的关系，我国客运专线铁路设计暂行规定中规定区间及站内正线线间距按 5.0m（设计最高行车速度 350km/h）和 4.8m（设计最高行车速度 300km/h）选用，曲线地段不应加宽。位于车站两端减、加速地段，可采用与设计速度相适应的线间距。正线与跨线旅客列车联络线、动车组走行线并行地段的线间距，应根据相邻一侧正线的行车速度及其技术要求和相邻线的路基高程关系，考虑站后设备、路基排水设备、声屏障、桥涵等建筑物以及保障技术作业人员安全的作业通道等有关技术条件综合研究确定，最小不应小于 5.0m。正线与新建客货共线铁路、既有铁路并行地段线间距不应小于 5.3m。当线间设置接触网杆柱等设备时，最小线间距应根据有关技术条件综合研究确定。

3.1.6 安全退避距离

列车是在地面上高速运行的长大物体，不同于汽车，更不同于航空、航天飞行器，有其独特的空气动力问题需要研究解决。由于空气的黏性作用，列车在地面高速运行时将带

动列车周围空气随之运动,形成一种特殊的非定常流动,通常称为列车风。列车风以空气流动和压力变化的形式表现出列车对周围环境及道旁人员安全的影响。列车风的作用随着离开列车侧面距离的增加而减少,为保障站台上旅客和轨侧作业人员安全,必须保证人体与列车侧壁之间有一定距离,这一距离即为人体安全退避距离。

虽然高速铁路线路是全封闭的,运行期间人员不能进入线路范围,但世界各国依然考虑了行人安全问题,并做过不少试验。列车安全退避距离主要有两方面研究内容:一是列车风作用下人体受力情况及列车风速度及压力分布;二是制定判别人体安全性的标准。对列车风的研究,各国采用的研究方法、研究手段不尽相同,大致可分为三种:①采用实车试验研究方法,测量全尺寸人体模型受到的气动力,同时测量轨侧列车风风速和风压的分布规律;②采用水洞等模拟试验方法,测量列车通过时轨侧圆柱体(模拟人体)的压力分布;③用势流理论计算方法,求解列车周围速度场和压力场以及轨侧圆柱体在列车通过时的压力系数变化规律。

日本在高速铁路研究初期对列车风进行过一些理论计算和风洞试验,但主要是依赖于实车试验的测量结果。他们采用人体模型和二维超声风速仪测试列车以一定速度通过时,人体模型的受力情况以及站台上不同距离的列车风风速。

同样法国和苏联也采用全尺寸人体模型,测量处于列车风中的人体的受力情况。英国通过实车试验方法测量了高速列车通过时,线路侧向不同距离列车风风速及风向,还将残疾人轮椅置于距站台边缘不同距离位置,观测轮椅的受力及运动情况。德国除进行实车试验外,还通过水槽模拟试验,当拖动列车模型运动时,测量列车侧向圆柱体(模拟人体)的受力情况,同时采用基于势流理论的数值模拟计算方法,计算了列车侧向圆柱体的气动力。

列车安全退避距离研究的另一项内容是制定判别人体安全性的标准,根据所采用的物理量不同,有风速标准和气动力标准两种。在制定人体安全退避距离时,各国采用的标准不尽相同。日本以平均风速 9m/s 作为确定站台安全距离的危险标准。法国和德国采用气动力为判断依据,规定人体允许承受的气动力为 100N。

日本的试验结果表明,列车长度为 350m,列车运行速度为 250km/h 时,作业人员能够接受安全待避的列车风速为 17m/s,以此要求风压限界定为车辆边侧以外 0.8m(车辆幅宽为 3.4m),即距车体 0.8m 是安全的。法国测得速度为 350km/h 时,离线路中心 2.4m 是安全的。如果车体宽是 2.8m,则距车体 1.0m 是安全的。德国在线路设计规范中把距离线路中心 3.5m 以外作为安全区。如车体宽 3.0m,则需离车体 2.0m。德国把这一距离作为路肩的起点,在这以外 0.8m 为路肩部分。苏联对站台上旅客安全距离和相向运行高速列车安全范围的实测试验资料表明,当列车速度达 200km/h 及以上时,人站在距站台边缘 1.2m 处,气浪的侵袭会危及人身安全。在用 3P200 型电动车组进行的 200km/h 的试验中,测量了站台上的风压与站台边缘距离的变化关系,规定气流对人体的最大压力不得大于 250kPa,据此得出列车以 200km/h 通过时,人离站台边缘的安全距离约为 2.0m。

我国在"八五"期间就开展了列车安全退避距离的研究,同时参考国外标准采取类比法提出了我国人体允许承受的气动力值和风速值:站台上旅客允许承受的气动力为100N;轨侧线路作业人员允许承受的气动力为130N;站台上旅客和轨侧线路作业人员列车风允许风速为14m/s。根据上述研究成果,我国高速铁路的站台安全距离标准建议取2.0m,轨侧铁路员工安全退避距离取3.0m。轨侧安全退避距离较站台上的安全退避距离标准增大了1.0m,其原因是,轨侧人员受到列车裸露的走行部分所引起的列车风的影响明显大于站台上人员受到列车侧壁所引起的列车风的影响。但高速铁路为全封闭运行,线路维修时间按维修天窗执行。因此,这项建议只是针对特例作出的。

3.2 高速铁路线路纵断面设计

3.2.1 最大坡度

在一定自然条件下,线路的最大坡度与设计线的输送能力、牵引质量、工程数量和运营质量有着密切的关系,有时甚至影响线路走向。客货共线的铁路,线路最大坡度是由货物列车运行要求所决定的。高速列车采用大功率、轻型动车组,牵引和制动性能优良,能适应大坡度运行。但各国高速铁路由于采用的运输组织模式和线路条件各不相同,采用的线路最大坡度也不大一样。

我国客运专线铁路设计暂行规定中规定正线的最大坡度,一般条件下不应大于20‰,困难条件下经技术经济比较,不应大于30‰,动车组走行线的最大坡度不应大于35‰。

3.2.2 坡段长度

两个坡段的连接点,即坡度变化点,称为变坡点。一个坡段两端变坡点间的水平距离称为坡段长度。

1. 最小坡段长度

从列车运行的平稳性要求出发,纵断面坡段长度宜设计成较长的坡段。但从节省工程投资的角度分析,较短的坡段能够较好地适应地形,减少工程数量,降低工程投资。因此,最小坡段长度的确定,既要满足列车运行的平稳性要求,又要尽可能地节约工程投资,使两者取得最佳的统一。

我国客运专线铁路设计暂行规定中最小夹坡段长度取 $0.4v_{\max}$,即最小坡段长度可按下列公式计算确定,并取 50m 的整倍数:

$$l_p = 2 \times \frac{\Delta i}{2} \times R_{sh} + 0.4 v_{\max} \tag{3-2}$$

式中：Δi——相邻坡段最大坡度差；

$R_{\text{竖}}$——竖曲线半径(m)，一般最小长度取 30 000m，个别最小长度取 25 000m。

同时，为提高行车舒适度，还规定最小坡段长度不小于 900 m，困难条件下不小于 600 m。另外，为避免列车运营过程中的频繁起伏，提高舒适度，不得连续采用"N"形短坡段。相邻坡段宜避免采用"V"形纵断面。

2．最大坡段长度

法国高速铁路的最大坡段长度与坡度有关，坡度正常值应随坡段长度而变化。对于从最小值至 3km 的长度，其坡度不应超过 18‰；对于 3~15km 的长度范围，其坡度逐步从 18‰降至 15‰；对于大于 15km 的长度，最大坡度不超过 15‰，并建议在实际应用中，上述坡度再降 2‰；对于坡度大于 25‰的线路，建议在项目中考虑平均坡度 25‰，最大坡长 4km。

德国科隆—莱茵/美茵线对最大坡度规定在坡段长度 10km 范围内不应大于 25‰，在坡段长度 6km 范围内不应大于 35‰。

日本新干线在困难条件下 18‰的坡段最大长度为 2.5km，20‰的坡段最大长度为 1km。借鉴国外高速铁路最大坡段长度的采用情况，并根据列车坡度运行模拟计算结果，建议采用最大坡度 12‰时，对最大坡段长度暂不限制；当采用最大坡度 15‰时，最大坡段长度不宜大于 9km；当采用最大坡度 20‰时，最大坡段长度不宜大于 5km。

此外，纵断面设计的方面还有坡段间连接、竖曲线、各类曲线与道岔重叠设置等，在此不再详述，可以参照相关文献。

3.3　高速铁路路基设计

路基主体工程应按土工结构物进行设计。路基工程应加强地质调绘和勘探、试验工作，查明基底、路堑边坡、支挡结构基础等的岩土结构及其物理力学性质，查明不良地质情况，查明填料性质和分布等，在取得可靠地质资料的基础上开展设计。

路基主体工程设计使用年限为 100 年。路基排水设施结构设计使用年限为 30 年，路基边坡防护结构设计使用年限为 60 年。基床表层的强度应能承受列车荷载的长期作用，刚度应满足列车运行时产生的弹性变形控制在一定范围内的要求，厚度应使扩散到其底层面上的动应力不超出基床底层土的承载能力。基床表层填料应具有较高的强度及良好的水稳性和压实性能，能够防止道砟压入基床及基床土进入道床，防止地表水侵入导致基床软化及产生翻浆冒泥、冻胀等基床病害。

路基工后沉降值应控制在允许范围内，地基处理措施应根据地形和地质条件、路堤高度、填料及工期等进行计算分析确定。对路基与桥台及路基与横向结构物过渡段、地层变化较大处和不同地基处理措施连接处，应采取逐渐过渡的地基处理方法，减少不均匀沉降。路基施工应进行系统的沉降观测，铺轨前应根据沉降观测资料进行分析评估，确定路基工后沉降符合要求后方可进行轨道铺设。

3.3.1 高速铁路路基面设计荷载

普速列车路基设计需要考虑荷载影响时,在计算中常把静荷载和动荷载一并简化作为静荷载处理,即换算土柱法。高速铁路的路基设计不能简单地把动荷载作为静荷载处理,必须进行动态分析,计算由于列车动荷载作用在路基中产生的动应力大小和分布规律。如何计算静荷载是简单而明确的,本书不再详述。

路基面动应力幅值是与列车速度、轴重、机车车辆动态特性、轨道结构、轨道不平顺等因素有关的一个随机函数。目前,路基动应力幅值的确定是根据铁道部科学研究院进行的"路基动应力与车速关系的研究"的结果:

$$\sigma_{dl} = 2.6 \times P \times (1 + aV) \tag{3-3}$$

式中:σ_{dl}——路基设计动应力幅值(kPa);

P——机车车辆静轴重(t);

V——列车运行速度(km/h),300km/h 以内按实际速度计算,300km/h 以上按 300km/h 计;

a——高速、无缝线路为 0.003,准高速、无缝线路为 0.004。

当高速铁路的设计速度为 350km/h,最大轴重为 20t 时,根据上式可以求出有砟轨道设计动应力幅值为 100kPa,在路基面上的分布面积为 3.0m×2.8m,如图 3-3 所示。无砟轨道作用在路基面上的动应力值应根据无砟轨道的结构类型计算确定。

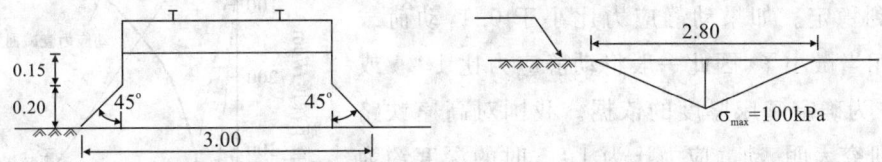

图 3-3 高速铁路路基面上设计动应力及分布图

3.3.2 动应力沿深度的衰减

列车荷载以动力波的形式通过道床传递到基床面,再向深层传播。在动力波传播的过程中要消耗能量,或者说由于阻尼作用,土要吸收能量,因此,动应力随着深度的增加而衰减。动应力沿深度的衰减可从两个方面进行探讨:一是实测,二是理论计算。前者由于受测试设备、埋设传感器的边界条件等影响,数值较离散,加之深处测试也比较困难,因此大多采用后者。在理论计算中虽作了一些假设,会造成计算结果与实际有些出入,但对于路基填土设计而言,这样的精度是可以接受的。

在长方形均布荷载作用下(图 3-4),荷载中心点下深度 z 处的垂直应力可采用 Boussinesq 理论,按照半空间弹性理论公式进行计算:

$$\sigma_z = \frac{2P_0}{\pi}\left[\frac{m\times n}{\sqrt{1+m^2+n^2}}\times\frac{1+m^2+2n^2}{(1+n^2)(m^2+n^2)}+\arcsin\frac{m}{\sqrt{1+n^2}\sqrt{m^2+n^2}}\right] \quad (3-4)$$

式中：P_0——荷载强度，$m=a/b$，$n=z/b$。

如果长方形的长与宽如图3-4所示，则动应力沿深度逐渐衰减可按式(3-4)计算，只是需要考虑基床表层与基床底层填料的模量差异，计算结果见图3-5所示。

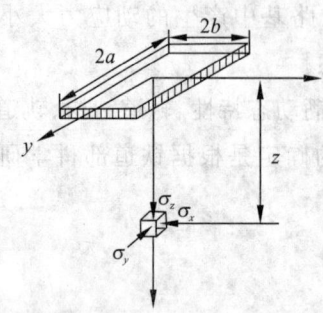
图3-4 应力计算示意图

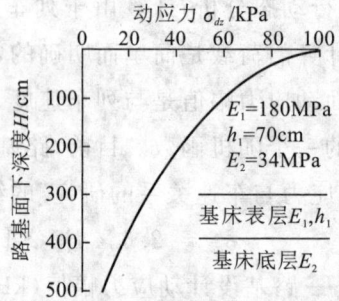
图3-5 动应力沿深度衰减曲线

3.3.3 基床厚度的确定

列车动应力由轨道、道床传至路基本体，然后沿深度逐渐衰减。一般将受动应力影响较大的那一部分路基定义为路基基床。压实土的动三轴试验表明，当动静应力比在0.2以下时，加载10万次产生的塑性累积变形在0.2%以下，而且很快能达到稳定。如果动静应力比小于0.1，动荷载影响就相当微小了，因此一般将动静应力比1:5或1:10作为确定基床厚度的依据。我国对高速铁路路基的研究表明，动静应力比为1:5时的深度约为3.2m，动静应力比为1:10的深度约为4.2m，如图3-6。考虑到高速铁路路基基床部分的填料为优质填料，且压实要求高，故一般采用动静应力比为1:5为确定基床厚度的标准，因此，确定我国高速铁路路基基床厚度为3m。

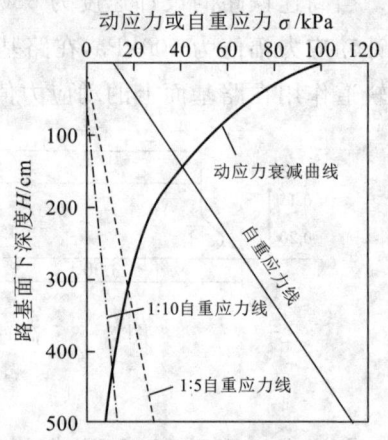
图3-6 列车动应力与路基自重应力沿深度的变化关系

3.3.4 高速铁路路基横断面设计

(1)无砟轨道支承层(或底座)底部范围内路基面可水平设置，支承层(或底座)外侧路基面两侧设置不小于4%的横向排水坡。有砟轨道路基面形状应为三角形，由路基面中心向两侧设置不小于4%的横向排水坡。曲线加宽时，路基面仍应保持三角形。

(2)有砟轨道路基两侧的路肩宽度，双线不应小于1.4m，单线不应小于1.5m。

(3)直线地段标准路基面宽度应符合表3-5的规定。

表 3-5　路基面标准宽度

轨道类型	设计最高速度(km/h)	双线线间距(m)	路基面宽度 单线(m)	路基面宽度 双线(m)
无砟轨道	250	4.6	8.6	13.2
无砟轨道	300	4.8	8.6	13.4
无砟轨道	350	5.0	8.6	13.6
有砟轨道	250	4.6	8.8	13.4
有砟轨道	300	4.8	8.8	13.6
有砟轨道	350	5.0	8.8	13.8

(4)路基面在无砟轨道正线曲线地段一般不加宽,当轨道结构和接触网支柱等设施的设置有特殊要求时,根据具体情况分析确定;有砟轨道正线曲线地段加宽值应在曲线外侧按表 3-6 的规定加宽。曲线加宽值应在缓和曲线内渐变。

表 3-6　有砟轨道曲线地段路基面加宽值

设计最高速度(km/h)	曲线半径 R/m	路基外侧加宽值(m)
250	$R \geqslant 10\,000$	0.2
250	$10\,000 > R \geqslant 7\,000$	0.3
250	$7\,000 > R \geqslant 5\,000$	0.4
250	$5\,000 > R \geqslant 4\,000$	0.5
250	$R < 4\,000$	0.6
300	$R \geqslant 14\,000$	0.2
300	$14\,000 > R \geqslant 9\,000$	0.3
300	$9\,000 > R \geqslant 7\,000$	0.4
300	$7\,000 > R \geqslant 5\,000$	0.5
300	$R < 5\,000$	0.6
350	$R > 12\,000$	0.3
350	$12\,000 \geqslant R > 9\,000$	0.4
350	$9\,000 \geqslant R > 6\,000$	0.5
350	$R < 6\,000$	0.6

(5)路基标准横断面如图3-7～图3-14所示。

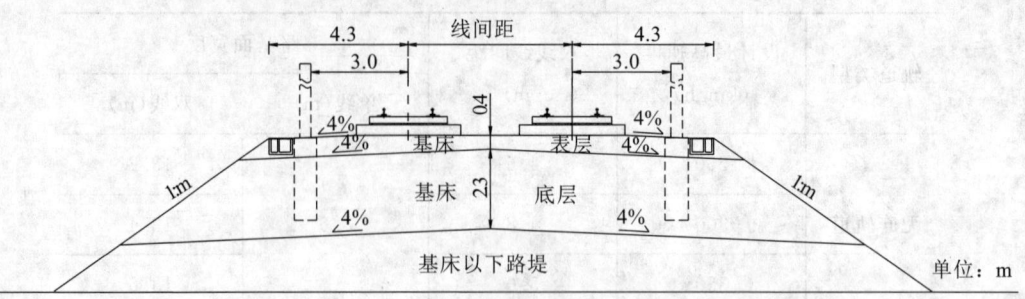

图3-7 无砟轨道双线路堤标准横断面示意图

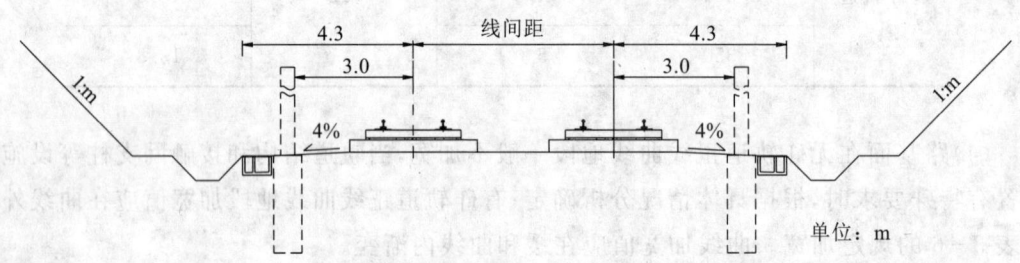

图3-8 无砟轨道双线硬质岩路堑标准横断面示意图

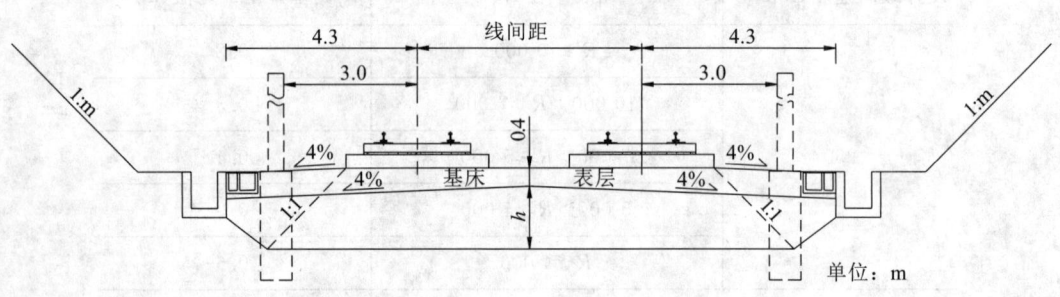

图3-9 无砟轨道双线非硬质岩路堑标准横断面示意图

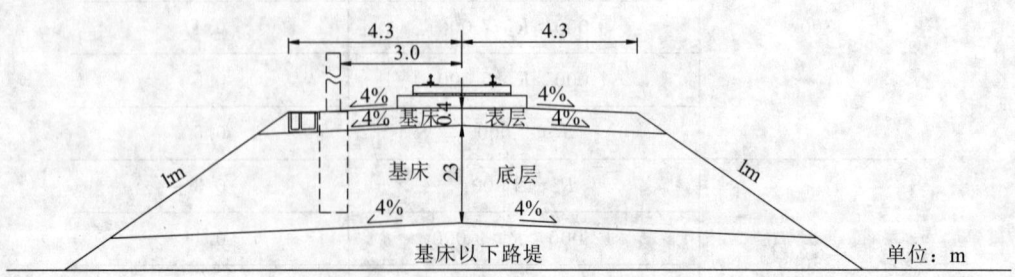

图3-10 无砟轨道单线路堤标准横断面示意图

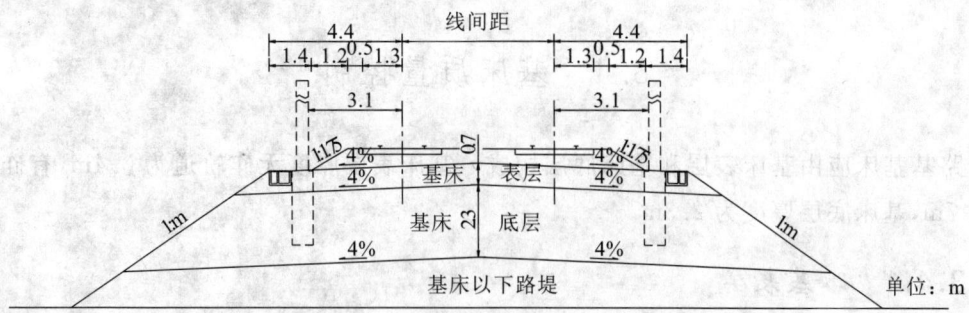

图 3-11 有砟轨道双线路堤标准横断面示意图

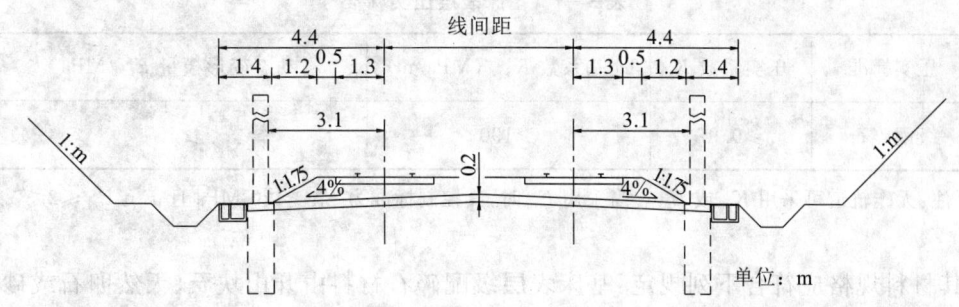

图 3-12 有砟轨道双线硬质岩路堑标准横断面示意图

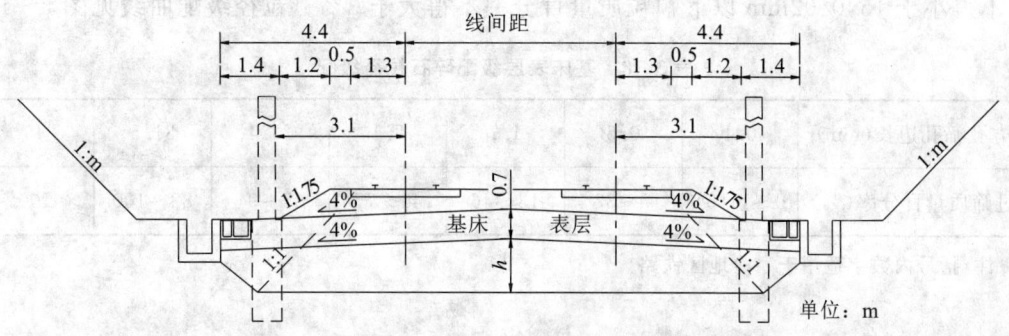

图 3-13 有砟轨道双线非硬质岩路堑标准横断面示意图

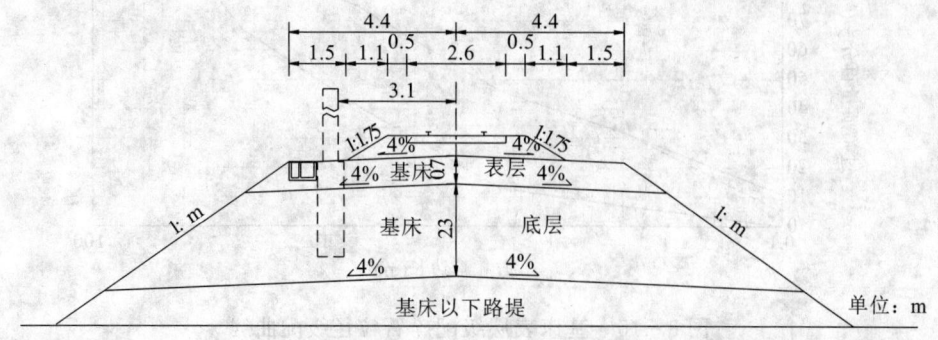

图 3-14 有砟轨道单线路基标准横断面示意图

3.4 基床质量控制

路基基床应由基床表层和基床底层构成。基床表层厚度无砟轨道为 0.4m,有砟轨道为 0.7m,基床底层厚度为 2.3m。

3.4.1 路基表层

路基表层应填筑级配碎石,压实标准应符合表 3-7 的规定。

表 3-7 基床表层压实标准

压实标准	压实系数 K	地基系数 K_{30}/(MPa/m)	动态变形模量 E_{vd}/MPa
级配碎石	≥0.97	≥190	≥55

注:无砟轨道可采用 K_{30} 或 E_{v2}。当采用 E_{v2} 时,其控制标准为 E_{v2}≥120 MPa 且 E_{v2}/E_{v1}≤2.3。

其材料规格应符合下列规定:基床表层级配碎石材料由开山块石、天然卵石或砂砾石经破碎筛选而成。基床表层级配碎石的粒径级配应符合表 3-8 的规定。其不均匀系数 C_u 不得小于 15,0.02mm 以下颗粒质量百分率不得大于 3%。粒径级配曲线见图 3-15。

表 3-8 基床表层级配碎石粒径级配

方孔筛孔边长(mm)	0.1	0.5	1.7	7.1	22.4	31.5	45
过筛质量百分率(%)	0~11(5)	7~32	13~46	41~75	67~91	82~100	100

注:括号内数字适用于寒冷地区铁路。

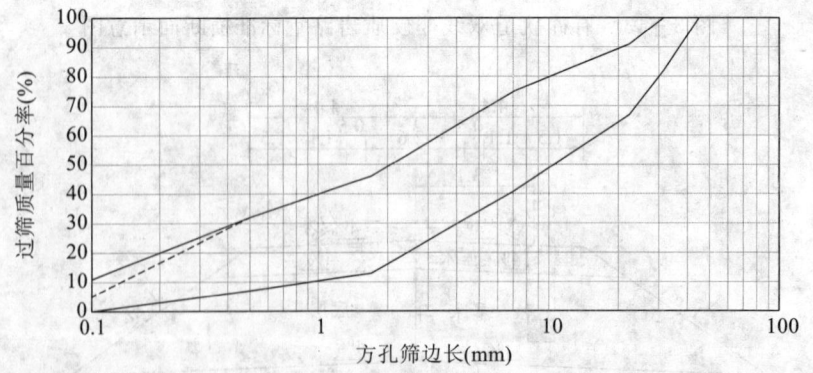

图 3-15 基床表层级配碎石粒径级配曲线

基床表层级配碎石与下部填土之间应符合 $D_{15}<4d85$ 的要求。当不符合要求时,基床表层应采用颗粒级配不同的双层结构,或在基床底层表面铺设土工合成材料。当下部填土为改良土时,可不受此项规定限制。在粒径大于 22.4mm 的粗颗粒中带有破碎面的颗粒所占的质量百分率不小于 30%。级配碎石粒径大于 1.7mm 颗粒的洛杉矶磨耗率不大于 30%,硫酸钠溶液浸泡损失率不大于 6%。粒径小于 0.5mm 的细颗粒的液限不大于 25%,塑性指数小于 6。不得含有黏土及其他杂质。

3.4.2 基床底层

基床底层应采用 A、B 组填料或改良土,A、B 组填料粒径级配应符合压实性能要求,寒冷地区冻结影响范围填料应符合防冻胀要求。基床底层压实标准应符合表 3-9 的规定。

表 3-9 基床底层填料及压实标准

压实标准	化学改良土	砂类土及细砾土	碎石类及粗砾土
压实系数 K	≥0.95	≥0.95	≥0.95
地基系数 $K_{30}/(MPa/m)$	—	≥130	≥150
动态变形模量 E_{vd}/MPa	—	≥40	≥40
7d 饱和无侧限抗压强度/kPa	≥350(550)	—	—

注:1. 无砟轨道可采用 K_{30} 或 E_{v2}。当采用 E_{v2} 时,其控制标准为 $E_{v2} \geq 80$MPa 且 $E_{v2}/E_{v1} \leq 2.5$。
2. 括号内数字为寒冷地区化学改良土考虑冻融循环作用所需强度值。

3.5 本章小结

高速铁路线路设计有着严格的要求,线路平面设计主要从最小曲线半径、最大曲线半径、缓和曲线、建筑限界、安全退避距离等方面进行控制,而线路纵断面设计主要从最大坡度和坡段长度等方面进行控制。

路基作为线路的下部主要结构,将承受来自于上部的荷载,其中路基基床受到的影响最大,因此,路基基床的填筑有着严格的要求,目前主要从压实系数、地基系数、动态变形模量等方面进行控制。

第四章 岩溶路基变形特征

4.1 岩溶路基变形特征的研究意义

我国岩溶区面积 $363\times10^4 km^2$，占我国国土面积的 1/3 以上，其中西南地区是我国最大的连片岩溶强发育区，包括贵州、云南、广西、湖南、四川、重庆、湖北、广东等省（市、区），岩溶区面积达 $105.5\times10^4 km^2$。由于受到可溶岩地区上覆第四系松散沉积物岩性成分、结构、厚度和埋藏分布条件的控制，岩溶对铁路工程的危害主要表现在以下几个方面。

（1）路基边坡失稳。可溶岩地区上覆的风化残积层多具膨胀土特征，绝大多数仍保留原生的层面与节理面，在遇水后膨胀、软化，失水后收缩龟裂，土质坚硬，在连续的失水、饱水循环往复下，土体反复的收缩、膨胀，土体结构受到破坏，物理力学指标迅速降低，容易造成路基高挖、高填地段路基边坡失稳。如黑寨河桥头挖方边坡高 40m，为白云岩风化层，连年有坍塌，坡面沟槽密布，刮风下雨时，坡面形成流沙，淤塞侧沟，淹没路面；湘黔线黄丝 30m 高边坡，长 150m 左右，在一次夜雨中，坡面被冲成数十条大小冲沟，坍塌达 $3\,000 m^3$，路面被淹没；马场坪挖方群、重安江挖方群等，边坡开挖数月后，便发生塌方、流沙等；贵阳至六枝段，全长 152km，属残积土层挖方，共 76 处总长 25.3km，最初将其边坡陡度放缓，一清再清，放缓至 1:1.5～1:1.75 仍坍滑不止，施工后加强排水，种草皮，未彻底根治，直至坡脚作挡墙、片石垛加固、坡面仍种植草皮或浆砌防护，才趋于稳定。

（2）路基不均匀沉降、变形、开裂。路基及基础的不均匀沉降可导致路面的脱空、开裂变形，平整度下降，挡墙等结构物开裂。导致岩溶路基不均匀沉降的主要原因是由于岩溶水的动态变化，水位沿落水洞、竖井、漏斗、溶洞等上下升降波动可能造成基底软化、溶洞内填充物、基底土层和路基回填材料的细料逐步流失，更加剧了路基的不均匀性，从而引起路基沉降。这也是厚覆盖型岩溶路基的主要工程地质问题之一。如武广客运专线新耒阳站 DK1777+500～+750 段上覆土层为 6～14m 黏性土，上部为硬塑—软塑，底部局部为流塑；下伏基岩为灰岩，岩溶发育，溶洞、溶沟、溶槽发育，溶洞部分充填，部分半充填。2009 年 7 月 13 日复测时发现 DK1777+500～+753 段 4 股道的轨面有不同程度的沉降和水平位移，竖向沉降主要发生在Ⅰ、Ⅱ道，最大沉降为 44.6mm，Ⅲ、Ⅳ道沉降较小，最大沉降为 17.7mm；沉降中心大致在Ⅰ、Ⅱ道的 DK1777+630～+650；水平位移仅发生在Ⅰ、Ⅱ道，最大位移在 DK1777+577 附近。通过对变形情况、地质资料和施工资料综合分析,引起岩溶塌陷的原因主要是由于相邻站房钻孔桩基大面积冲击成桩,造成地下水的强烈波动,对地下岩溶管道产生过大真空负压,对上覆土体产生侵蚀破坏等使地基加固桩承载能力降低所致。

(3)路基下潜伏溶洞(土洞)失稳引发路基塌陷。众所周知,塌陷的发生在时间上的突发性和空间上的隐蔽性,使得其对路基的危害极大,严重影响铁路行车安全。岩溶路基塌陷分为上覆土层塌陷和溶洞顶板失稳塌陷。前者是最主要的岩溶路基病害,由于覆盖层被岩溶水掏空形成空洞,在人为或地下水活动等因素作用下发生的。从土洞发育时间来看,在自然条件下土洞发育缓慢,一个土洞发育到一定规模,可能需要几年或者几十年的时间,人类工程活动则加剧了这个过程,缩短了土洞形成的时间;后者是由于溶洞或地下河管道顶板强度不足、厚度偏薄导致岩体失稳造成的,溶洞往往难以被探明,当其上进行路堤填筑荷载增加或路堑开挖、顶板厚度削薄、结构强度削弱时,顶板会突然坍塌,引发路基塌陷。据统计,1988年全路(铁路)岩溶塌陷被发现的也不到20处,到1998年便发展到近500处,最严重的近60处,造成8次列车颠覆,中断行车累计2 000小时以上,造成直接损失少则几十万元,多者3 000万元以上,间接经济损失更无法估算,其塌陷后处理的工程费用少则上百万元,多则几千万元。如津浦路泰安站1990年底整治费已高达3 400万元,贵昆线小哨至秧田冲26km范围内注浆长度40 000m,历时3年,耗资2 560万元;南昆线从施工开始至1996年11月底粗略统计,仅160km可溶岩范围内就有53个路基岩溶地面塌陷工点,至1997年3月又发现石林站1个、冗百站2个、石头寨4个、北窝1个、广南卫站2个共10个路基塌陷工点。最具代表性的石林站南宁端DK707+792处左侧产生的塌陷,纵向长7m,垂直线路长3m,为土洞塌陷,顶板厚1m,洞径1m。

从以上统计来看,岩溶地基变形已成为影响铁路工程安全的重大工程地质问题之一。

4.2 岩溶塌陷形成机理

1. 潜蚀塌陷

潜蚀的概念最早由苏联科学家巴浦洛夫提出,之后引入到研究塌陷理论中。持有潜蚀理论观点的人认为,由于降雨或者地表水的入渗以及人为抽水导致的地下水水位的大幅度变化,从而导致岩溶覆盖层出现水力坡度,并且形成较大的流速,使得潜蚀作用增强。当水力坡度大于临界值时,溶洞洞口处产生临空面减压,所减压力表示为:

$$F = G\cos\varphi + f \tag{4-1}$$

式中:G——重力;

φ——临空面任一点切线与水平面夹角;

f——土层卸荷张力。

减压导致土体松弛、膨胀,水力坡度的增大导致渗流带走大量松散土体,土体激流变形进而逐步形成土洞。

目前多数学者持有潜蚀成因的观点。从建筑物修建中遇到的大量土洞出发,彭涛等(2001)认为土洞的分布主要在水位波动带,由水的下渗潜蚀而引起。根据对安徽铜官山的塌陷研究,丁春林(2003)提出,土洞在潜蚀作用下形成,同时物质被搬运,当潜蚀力小于搬运力时,土洞可处于相对稳定状态;当潜蚀力大于搬运力时,土洞扩大,甚至引起塌陷。马金荣(1996)、李清春(2005)等用潜蚀观点分别对徐州市土洞塌陷区、山东岩溶土洞塌陷进行了解释,他们都认为岩溶区由于渗流、潜流产生的潜蚀掏空,形成土洞,水位的下降增强了潜蚀过程,使土洞规模扩大。Tharp(2001)通过实验室模型模拟了稳定渗流作用下土层中土洞的形成,得出如下结论:在不考虑土的各向异性和地下水的流动方式时,将形成近似半球状的土洞;土洞的规模与区域内水位降低相关,并受地下水水位影响。

2. 真空吸蚀塌陷

真空吸蚀效应也称负压吸蚀效应,是指在相对密闭承压的岩溶网络地下水中,人为抽、排地下水,溶洞洞口处由于水位骤降导致该处形成压强较低区域,在该区域形成类似真空状,理论上的真空吸蚀其实是一种压强差效应,由于这种强大的吸蚀性导致土体与岩溶洞口接触面处的松散土体颗粒被吸附下来,进而产生破坏,最终导致的塌陷现象。徐卫国等(1981)曾用该观点解释了所研究的土洞致塌现象。陈国亮(1994)曾论述过模型试验中真空吸蚀力的大小。但近年来又有学者持不同的观点,认为基岩中大多数的溶洞是被充填的,因此在水位下降时,在溶洞内不足以产生很大的压强差,造成土洞洞壁土体的破坏。

总的来说,在自然条件下岩溶水位的上下波动速度慢,所产生的负压效应是难以导致土体破坏的,而人类活动的抽(排)水,真空吸蚀作用就很明显。

3. 崩解塌陷

崩解是指黏性土浸入静水后,水进入孔隙或裂隙中,因而引起粒间扩散层增厚,粒间的结构联结和强度丧失,土体沿着斥力超过引力最大的面崩落下来的现象。陈学道(1997)通过黏性土的水化学侵蚀试验,研究土洞的形成,实验采用同一土层的可塑状原状黏性土土样(含水量22.8%),切成5cm×5cm×5cm、表面平整光滑的立方体土样,共7组,无侧限置于网格宽度为1cm的筛网上,浸泡于不同的试液当中,定时测量其崩解量。如蒸馏水、岩溶地下水,以及用浓硫酸、NaOH标准溶液与地下水分别配制成的酸性、碱性试液,用以模拟受污染的地下水,并指出酸性水体加速了土体的崩解。王柳宁(2000)认为,含水量大于20%的黏性土不易崩解。谭鉴益(2001)对广西柳州、桂林等地覆盖型岩溶区土层原状样与扰动样进行了崩解试验研究,认为土层的崩解是多因素作用的结果,土层本身的矿物成分、化学成分、结构、颗粒大小、物理性质、含水状态和土层外部因素如水的化学成分、水位变化等都对土层的崩解产生重要的影响。赵颖文(2003)通过在室内模拟广西原状红黏土的脱湿过程,利用微观分析与宏观力学试验相结合的方法,对红黏土的水敏性进行了试验研究,探讨了红黏土强度特性与胀缩性在不同脱湿阶段的控制因素。赵显鹏等(2004)通过分析岩溶路基塌陷机理,提到了崩解效应。刘之葵(2004)在对岩溶区土洞的形成机制研究中强调了崩解作用,并分析了影响土体崩解的因素。

4. 荷载振动(液化)

振动液化是一些粉细砂层的重要属性,通常是指这些粉细砂层在重力荷载的周期性或间断性有节奏的影响下,松散沉积物发生液化,从而向下"流动",进而导致岩溶地面塌陷的产生。

5. 失托加荷效应

由于岩溶水的开采导致地下水位下降时,岩溶之上的松散沉积物失去了天然条件下的岩溶水的顶托作用称作"失托",其反作用就是"加荷"效应。

6. 渗压效应

渗压效应是指松散沉积物内部孔隙水的(向下)运动,产生渗压,可使得松散沉积物颗粒的黏着力减弱,进而产生崩落,直至产生岩溶地面塌陷。

7. 地震触发论

即地震可以诱发岩溶地面塌陷。

4.3 岩溶路基塌陷模式

岩溶路基塌陷破坏是在一定的地质条件下发生的,土层组成是路基塌陷模式的决定性因素。当盖层为松散的砂砾、卵石,因盖层透气性较好,真空吸蚀较难产生;当有地下水位在粉质黏土中时,才有可能谈及潜蚀破坏的问题,可见,土层结构决定了变形破坏模式。唐万春等(2011)通过对大量岩溶路基变形破坏实例的分析,将覆盖型岩溶路基塌陷模式分为以下4种。

1. "粉质黏土+可溶岩"型模式

这是指塌陷的地质条件由相对隔水的粉质黏土盖层及岩溶基岩组成时的盖层类型。黏性土层中的达西(Darcy)定律如下:

$$v = k\left(\frac{\partial H}{\partial l} - J_0\right) \tag{4-2}$$

式中:v——黏土的渗流强度(m/s);

k——黏土的渗流系数;

H——黏土的水头;

l——黏土中水渗流途径长度(m);

J_0——初始水力坡度。

由式(4-2)可知,相对完整土质较纯的黏性土渗流系数很小,在工程中常处理为隔水层。因此,在模型的概化上将其处理为阻水层。在这种情况下,致塌力分为强度弱化、压强差、失托效应三种。

2. "粉质黏土＋卵石土＋粉质黏土＋可溶岩"型模式

此种情况为两相对隔水层之间夹有一透水层。覆盖层较厚,地下潜水赋存于卵石层中,卵石层为富含水层。抽汲地下水时,第四系孔隙水位与岩溶水位同步下降;而大气降水时,水位又能迅速回升,这种水位的大涨大落增强了潜蚀作用。由于水位的降低,砂砾层无黏结力,当力学平衡发生变化后,其物质很容易向下移动,在有黏土发育的上方发生"流土"现象,但水流方向并非垂直向下,而是向"天窗"处汇集。从而引起黏土上方砂土的塌陷,所以塌坑可为漏斗状。

3. "粉质黏土＋卵石土＋可溶岩"型模式

这类地质概化模型指盖层具有上部为相对隔水盖层而下部为透水性盖层的二元结构特征。因为盖层下部为透水层,所以孔隙水与岩溶水共存,且上下层之间有水力联系,其致塌原因为静力和动力两者的耦合。

4. "卵石土＋粉质黏土＋可溶岩"型模式

塌陷区盖层上部为透水层,下部为相对隔水层。上部为孔隙水,下部为岩溶水,在一般情况下,由于相对隔水层的存在,两含水层之间有压差。如果考虑土层中的某一点,其向下的作用力为：

$$F = \Delta p + \gamma_{sat} \times h + G \tag{4-3}$$

抗力为:

$$F_1 = \tau + H \times \gamma_w \tag{4-4}$$

式中：H——该点到地下水水面的距离。

在自然状态下,孔隙水与岩溶水之间可形成压差,从而造成向下的渗透力。由于阻水层不能使水透过,而表现为施加在阻水层上的作用力。黏土层上部和下部都因与水接触而存在一个软化的饱水区,若地下水流方向有利,软化土不会流失。但如果人为抽水使岩溶地下水位降至盖层以下,当水向下流动时,将使软化土产生流失,从而形成土洞;若水位下降太快,一方面在局部形成超临界水力坡降潜蚀,另一方面可在土洞内形成负压,同时使水面下降浮力消失,即失托增荷效应。可使黏土层在短时间内被击穿,从而形成"天窗"。土洞加速向横向及垂向发展,最后导致塌陷。

4.4 岩溶塌陷的数值模拟

岩溶的数值模拟主要采用有限单元法、有限差分法、积分方程法和分界单元法。目前采用较多的行业软件是 FLAC3D,FLAC3D 是二维的有限差分程序 FLAC2D 的拓展,能够进行土质、岩石和其他材料的三维结构受力特性模拟和塑性流动分析。通过调整三维网格中的多面体单元来拟合实际的结构。单元材料可采用线性或非线性本构模型,在外力作用下,当材料发生屈服流动后,网格能够相应发生变形和移动（大变形模式）。

FLAC3D采用了显式拉格朗日算法和混合-离散分区技术,能够非常准确地模拟材料的塑性破坏和流动。由于无须形成刚度矩阵,因此基于较小内存空间就能够求解大范围的三维问题。

国内学者对于岩溶塌陷的数值模拟研究主要有:陈启军(2009)利用FLAC3D对岩溶塌陷发育与塌陷发育过程中进行非线性数值模拟,从而完成了对覆盖型岩溶土洞塌陷的数值模拟分析,该分析通过数值计算得到,为地面塌陷预警提供理论基础,并获得了土洞周边土体的位移和土洞形成过程中附近土体的应力变化过程。马文瀚(2009)对岩溶塌陷稳定性进行有限元数值模拟,针对凤凰至大兴公路的现场实际状况,选取了典型的溶洞,采用有限元稳定性分析方法对岩溶体稳定性分析,了解现场岩溶稳定性。李万有(2010)通过数值试验的方法,研究重力作用和其他外力作用下土洞型岩溶塌陷区的高度和覆盖层抗剪强度之间的关系。试验弥补了模型试验中无法客观了解力学问题以及覆盖层土层塌陷与土洞高度的关系。吴吉春、薛禹群等(2001)建立了裂隙发育区溶质运移三维数值模拟和局部区域二维可混溶溶质运移模型,模型考虑了地下水中溶解盐分浓度变化引起的地下水密度的改变以及由此导致的地下水水头的变化,模拟结果与观测资料基本一致。数值分析具体方法和过程本书不作详述。

4.5 本章小结

我国岩溶区面积$363×10^4 km^2$,由于受到可溶岩地区上覆第四系松散沉积物岩性成分、结构、厚度及埋藏分布条件的控制,岩溶对铁路工程的危害主要表现在以下几个方面:①路基边坡失稳;②路基不均匀沉降、变形、开裂;③路基下潜伏溶洞(土洞)失稳引发路基塌陷。

对岩溶形成机理的研究对于岩溶路基整治具有重要的意义。目前比较流行的岩溶形成机理有潜蚀、崩解、真空吸蚀等。

根据岩石和土的组合,可以对岩溶路基的变形模式进行分类,本书主要介绍了唐万春等对覆盖型岩溶路基变形模式的分类,包括"粉质黏土+可溶岩"型、"粉质黏土+卵石土+粉质黏土+可溶岩"型、"粉质黏土+卵石土+可溶岩"型和"卵石土+粉质黏土+可溶岩"型岩溶路基变形模式。

数值模拟成为研究岩溶路基变形的重要辅助手段,目前主要方法有有限单元法、有限差分法、积分方程法和分界单元法。

第五章　高速铁路岩溶路基勘察

5.1 高速铁路岩溶路基勘察特点和主要内容

5.1.1 岩溶路基工程地质勘察特点

岩溶路基工程地质勘察重点在于围绕岩溶发育和岩溶水文工程地质条件进行勘察。基础地质条件的勘察,包括研究区域自然地理、地貌、地层岩性、地质构造及近代物理地质现象等。只有在掌握上述基础地质条件的基础上,才能进行岩溶工程地质勘察。

岩溶的发育是复杂的,岩溶水文地质条件则更为复杂,对于岩溶地区的一些特殊现象,如反复泉、多潮泉、岩溶管道水汇流、河谷悬托及穿跨流等现象,很难用一般的水文地质学概念来阐明,也难以用一般的勘察手段去查明,因此必须用岩溶工程地质学中的一些基本理论和方法进行勘察和分析研究。

由于岩溶发育在空间上的不均一性和岩溶水文地质条件的复杂性,必须利用多种勘察手段和方法进行综合研究。在通常情况下,岩溶工程地质勘察的工作量要比非岩溶地区大得多。

5.1.2 岩溶工程地质勘察的主要内容

岩溶工程地质勘察的内容相当广泛,主要包括:

1. 岩溶基础地质条件

(1)与岩溶有关的基本地质结构,包括各类地层(主要是碳酸盐岩地层)及地质构造。对于碳酸盐岩层,应重点进行矿物化学成分的分析以及溶蚀性试验。还要从工程地质角度出发,研究其物理力学特征,为隧道稳定评价提供基本资料。

(2)岩溶层组类型及其划分。

(3)区域构造应力场和河谷地貌及岩溶发育史。通过区域构造应力场的分析,可以判断不同结构面的导水性,从而寻找地下水运动和岩溶发育的优势方向。通过对河谷地貌及岩溶发育史的研究,可以为岩溶发育的继承性和发育规律的研究打下基础。

2. 岩溶发育规律与发育程度

(1)详细调查各种单体岩溶形态和组合形态,并用一定的形式表示在平面地质图和剖面地质图上,以寻求岩溶发育的分布规律和统计规律。

(2)对于岩溶发育程度的研究,主要靠岩溶调查和勘探收集资料,其量化程度通常以岩溶率来表征。岩溶率有4种表示方法,即线岩溶率、面岩溶率、岩溶体积率、钻孔遇洞率,从而为评价岩溶发育程度提供定量指标。对于岩溶发育强度的研究,主要借助于室内碳酸盐岩的溶蚀试验,并与实际岩溶发育的速度相结合,以定量分析岩溶发育的强度。

(3)岩溶发育特征和规律的综合分析,可从以下几个方面进行分析:①岩溶发育与可溶岩岩性的关系;②岩溶发育与地质构造的关系;③岩溶发育与地下水化学及地下水动力条件的关系;④岩溶发育与地下水温度场的关系;⑤岩溶发育与排水基准面、河谷发育史及地表地下水文网演变之间的关系。

3.岩溶水文地质条件

(1)根据岩性和构造条件,划分岩溶水文地质结构类型,确定岩溶含水层和隔水层的分布位置,对隔水层的可靠性要进行详细研究和论证。

(2)对每一个岩溶含水层,都要分析论证其补给、径流和排泄条件,特别要查明河水与地下水的关系,并确定河谷地下水动力类型。

(3)进行岩溶地下水连通试验,获取岩溶水渗流速度、比降及流态等资料,为岩溶管道水的汇流研究和水文地质计算提供基本资料。

(4)通过勘探孔进行岩体渗透试验,尽可能取得渗透系数和单位吸水量。同时,要注意对钻孔分段水位的量测,以便编制各种渗流网图和进行地下水计算。

(5)对岩溶水进行水化学、水温和同位素分析研究,以建立测区的水化学场、水温场和同位素场。

(6)建立地下水动态长期监测网,监测岩溶水文地质条件的变化规律,为进行岩溶渗漏分析、计算提供重要资料。

5.2 高速铁路岩溶路基勘察主要方法

高速铁路岩溶路基勘察主要采用遥感解译、地质调绘、地球物理勘探、钻探及测试试验、地下水长期观测等方法。

5.2.1 遥感解译

1.遥感解译概述

遥感是通过遥感器这类对电磁波敏感的仪器,在远离目标和非接触目标物体条件下探测目标地物,获取其反射、辐射或散射的电磁波信息(如电场、磁场、电磁波、地震波等信息),并进行提取、判定、加工处理、分析与应用的一门科学和技术。

遥感探测所使用的电磁波波段是从紫外线、可见光、红外线到微波的光谱段。

太阳作为电磁辐射源,它所发出的光也是一种电磁波。太阳光从宇宙空间到达地球表面须穿过地球的大气层。太阳光在穿过大气层时,会受到大气层对太阳光的吸收和散射影响,因而使透过大气层的太阳光能量受到衰减。但是大气层对太阳光的吸收和散射影响随太阳光的波长而变化。地面上的物体就会对由太阳光所构成的电磁波产生反射和吸收。由于每一种物体的物理和化学特性以及入射光的波长不同,因此它们对入射光的反射率也不同。各种物体对入射光反射的规律叫做物体的反射光谱,通过对反射光谱的测定可得知物体的某些特性。

遥感图解能宏观而真实地反映地表特征和各种地质现象的空间关系,因而在地质工作中得到广泛的应用。常规航空摄影作为遥感技术的方法之一,早在 20 世纪 50 年代即已应用于我国铁路勘测工作,取得了较好的效果并积累了较丰富的经验。随着遥感技术的发展,航空摄影的内容大大充实,空间分辨率和信息量大为提高,所以,它至今仍是铁路勘测设计部门研究并采用的主要遥感手段。卫星相片不仅具有宏观的和近似正射投影的性能,而且还有"透视"一定深度的能力,对构造,特别是隐伏构造和一定深度的地下水特征以及与之有关的一些微弱信息,都有不同程度的显示。因此,常应用于区域性地质轮廓和构造格架的研究。根据铁路工程地质工作的特点,目前遥感技术的应用应以航空遥感与卫星遥感相结合,而以航空遥感为主的方式。

遥感技术是藉助不同高度的平台,采用不同谱段的摄影、扫描技术获取不同地质体的特征铁路岩溶工程地质勘察技术信息。卫星遥感图像简称卫片,航空遥感图像简称航片。在卫片或航片上分析判断地质现象的过程为遥感图像的地质判释(简称遥感判释或判译)。采用航片或卫片可进行地形、地物、地貌、岩性、地质构造、不良地质的判释,如确定道路、水系、水点、岩溶洼地、地表塌陷等。

当前,在岩溶地质研究方面,仍以应用卫星遥感影像为最多。他们的图像主要区别是分辨率不同,TM 影像分辨率 30m,ETM 影像分辨率 15m,SPOT 卫星影像分辨率 10m,其可制作 1∶50 000~1∶30 000 影像图;IKONOS 卫星影像分辨率 4m。各勘测阶段的片种,应力求不同分辨率、不同平台高度影像资料的综合应用,相互配合。

(1)可行性研究阶段以 TM 影像为主(1∶200 000~1∶100 000),1∶50 000 航片配合。

(2)加深地质工作,在 TM 成果基础上,以 1∶50 000 航片判释为主,有条件时,局部辅以 1∶10 000 航片。

(3)初测阶段:1∶10 000 航片与 1∶50 000 航片相互配合使用。

(4)定测阶段:1∶10 000 航片为主,辅以 1∶50 000 航片。

成果图应将航片经校正镶嵌成正射影像图,使遥感判释成果直观、科学。

遥感地质工作的程序一般是:①根据卫星影像色调和形态特征进行判读和解译,编制出遥感地质草图;②选择有重要意义或工程附近的地质现象进行野外调查核实,即野外验证;③编制出修正后的遥感地质解译图,配合其他勘测资料提供设计应用。

2. 遥感解译的内容

遥感技术在岩溶地区研究的对象和内容既具有一般地质研究中所存在的共同性,又有其自身的特殊性。岩溶地区卫星相片、航空相片的判释常侧重于岩溶地貌及岩溶水文地质方面,但为研究区域岩溶发育特征,地质构造的底层岩性亦占有重要地位。其重要解译内容有:

(1) 地形地貌。岩溶地区有其特定的地貌形态特征,图像判释着重以下方面:①划分岩溶地貌单元,确定各类岩溶个体形态及其组合类型;②水系展布与河道变迁情况;③阶地的研究;④各级岩溶剥夷面的鉴别。

(2) 区域地质、地质构造。了解区域构造轮廓,划分构造单元及构造体系,分析断裂的力学性质及隐伏构造,鉴别褶皱形态,确定岩层产状等。

(3) 地层岩性。确定不同时代的地层界线及接触关系,了解碳酸盐岩与非碳酸盐岩的分布特征,划分岩溶层组,分析第四纪地层的岩性、分布及成因类型等。

(4) 岩溶水文地质。确定各种岩溶地表、地下水点(如岩溶湖、塘、岩溶泉、暗河进出口、沼泽、湿地、潭等)的分布,结合地貌判释,分析地下水的补给、径流、排泄条件及暗河、伏流的分布特征,划分水文地质单元。

(5) 与岩溶有关的不良地质现象,如地面塌陷等。

3. 岩溶的判释

以下以顾湘生等(2012)对宜万铁路的介绍为例,说明采用遥感手段对岩溶的判释。

(1) 岩溶的影像特征。岩溶的影像特征主要表现在岩溶洼地、坡立谷、漏斗、落水洞、溶槽、溶沟及暗河的进出口等,从宏观来看卫片影像的岩溶地貌多呈桔皮或花生壳状纹型图案,如清江北方案中的坡立谷、峰丛、峰林等地貌形态影像(图5-1);在三叠系向斜内,可见较多的岩溶集合群影像,呈蓝色花纹斑,灰岩呈花生壳纹型,地表粗糙,坡立谷横、宽约十余千米,形成溶蚀洼地。

图5-2(a)为1:10 000航片判释的典型岩溶峰丛(立体镜下),可见大量的漏斗、落水洞、岩溶凹陷、溶槽、溶沟等现象;图5-2(b)为沿断层及岩层走向分布的岩溶,中间为岩溶破碎带。

(2) 岩溶分布遥感影像特征。根据宜万铁路5次遥感判释成果,从遥感影像判释分析,岩溶发育具有区域性、时代性以及特殊的岩性和构造控制。

中生代三叠系(T)灰岩:质纯、厚度大,岩溶发育最为强烈,影像特征是大范围的色调差异,形成封闭的圆—椭圆,呈蓝色花纹的溶蚀洼地、坡立谷。

寒武系—奥陶系($\in$—O)灰岩:厚—中厚层,以石灰岩为主,含白云质灰岩、瘤状灰岩等,岩溶中等发育,影像色调深浅不一,有小型的封闭圈状。

石炭系—二叠系(C—P):岩性组合复杂,其中的灰岩质纯,灰岩显示粗糙,岩溶发育的规模稍差。

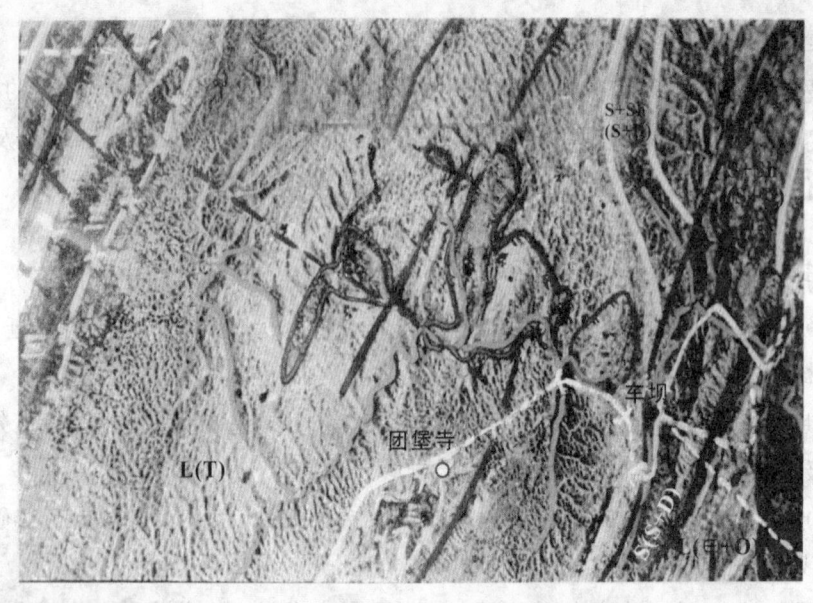

图5-1 清江北方案岩溶地貌形态特征影像图(顾湘生等,2012)

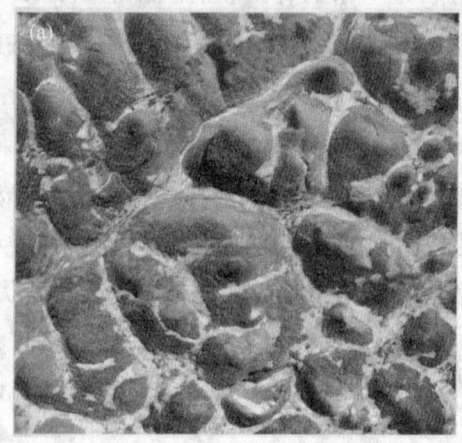

图5-2 灰岩峰丛地貌(a)和沿走向发育的岩溶地貌(b)(顾湘生等,2012)

震旦系(Z)灰岩:以白云质灰岩、白云岩为主,区内分布较少,影像色调较浅,岩溶不发育。

5.2.2 物探探测

5.2.2.1 地质雷达

地质雷达也称探地雷达(GPR),它是利用高频电磁波束反射来探测地下目标的一种高分辨率电磁方法,故被称为电磁波脉冲雷达法、脉冲微波法、脉冲无线电频率法等。由于探测地雷、地下隧道的需要,美国军方在20世纪60年代中期到70年代早期,对地质雷达的发展起到了非常大的推动作用,并从那时起地质雷达开始广泛应用于矿业,确定地下水位、土壤界面、岩性接触、岩石中孔穴、断层、层面节理和位面。

1. 基本原理

地质雷达利用超高频电磁波探测地下介质分布。它的基本原理是:发射机通过发射天线发射中心频率为 12.5M～1 200M、脉冲宽度为 0.1ns 的脉冲电磁波讯号。当这一讯号在岩层中遇到探测目标时,会产生一个反射讯号。直达讯号和反射讯号通过接收天线输入到接收机,放大后由示波器显示出来。根据示波器有无反射讯号,可以判断有无被测目标;根据反射讯号到达滞后时间及目标物体平均反射波速,可以大致计算出探测目标的距离(图 5-3)。

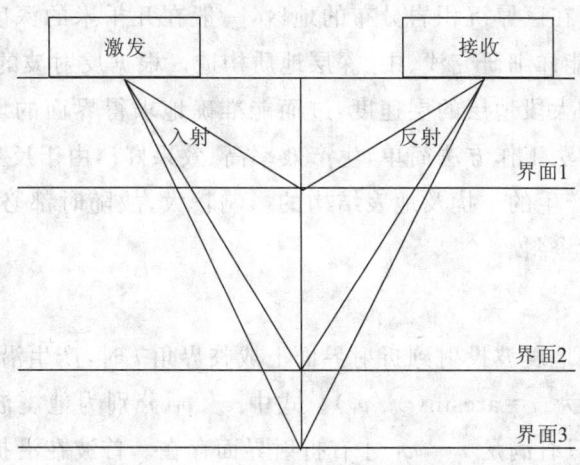

图 5-3 地质雷达工作原理

2. 适用条件

(1)探测目的体与周边介质之间应存在明显介电常数差异,电性稳定,电磁波反射信号明显。

(2)探测目的体与埋深相比应具有一定的规模,埋深不宜过深;探测目的体在探测天线偶极子轴线方向上的厚度应大于所用电磁波在周边介质中有效波长的 1/4,在探测天线偶极子排列方向的长度应大于所用电磁波在周边介质中第一菲涅尔带直径的 1/4;当要区分两个相邻的水平探测目的体时,其最小水平距离应大于第一菲涅尔带直径。

(3)测线上天线经过的表面应相对平缓,无障碍,且天线易于移动。

(4)不能探测极高电导屏蔽层下的目的体或目的层。

(5)测区内不应有大范围的金属构件或无线电发射频源等较强的电磁波干扰。

3. 地质雷达法探测岩溶的有效性

地质雷达由于利用了高频电磁波,所以探测深度比其他物探方法要浅,但分辨率要高得多,有时可以达到厘米级。对于土洞探测来说,土洞不仅为地质雷达探测提供了地球物理前提,地质雷达的高速采样及高分辨能力也为其提供了可能。土洞在地质雷达连续反射彩色剖面上表现为双曲线型强反射。

5.2.2.2 浅层地震

黏土的波阻抗约50,水的波阻抗约15,空气的波阻抗约0。因此黏土与土洞之间存在明显的波阻抗差异,为浅层地震法探测岩溶提供了地球物理前提。

根据利用地震波的类型不同,浅层地震基本的方法有反射波法、折射波法、面波法。

1. 反射波法

就是利用地震反射波进行地质勘探的方法。通常在激发点附近,即深层折射波的盲区以内接收反射波。在巨厚沉积岩分布的地区,一般在几千米的深度范围内能有几个到几十个反射界面,故能详细研究浅、中、深层地质构造。根据反射波的资料,可求地震波在覆盖层的传播速度和大段地层的层速度,进而能准确地求得界面的埋藏深度并进行大段的地层对比。反射波法工作方法简单,生产效率高、效果好。由于反射波法一般在激发点附近观测,受激发时产生的干扰及地表结构的影响较大,故随时都必须注意消除干扰,以获取质量良好的反射资料。

2. 折射波法

从震源激发出的地震波投射到折射界面上成临界角 i 时,产生沿界面 R 滑行的首波。临界角 i 存在的条件为: $i = \arcsin(v_0/v_1)$。式中 v_0、v_1 分别为地震波在界面上下介质中的传播速度。因此,只有满足 $v_0 < v_1$ 才有折射界面存在。首波在沿折射界面 R 滑行时引起上部介质质点振动并返回地面,这种波称为地震折射波。由检波器 $(s_0, s_1, s_2, \cdots)$ 接收,折射波的旅行时间与观测距离之间的关系,称为折射波时距曲线 $t(x)$。在水平界面的情况下,它是从 s_0 开始的一条直线。震源 O 到 s_0 之间观测不到地震折射波,称为盲区。只有在盲区之外才能进行地震折射波观测。由于 $v_2 > v_1$,较深层位上的折射波在离开震源的某个距离时,会超过浅层折射波而先到达检波器,称为此层位上折射波的初至区 $s_0 s_1$,而浅层折射波此时将在干扰背景上出现,称为它的续至区 $s_1 s_2$。因此,在折射波法中,不同层位上的折射波时距曲线为彼此相交的直线。因此不适合用于探测岩溶土洞。

3. 面波法

利用瑞利波的频散特性,反演土层面波波速。用敲击(或放炮)震源激发包括较宽频带的面波脉冲,在不同距离多道记录面波,用分频的数据处理方法计算频带范围内的面波相速度。

该方法在岩土工程勘察中,根据它与岩土物理力学性质的相关性,主要用于场地类型划分、土层划分、软泥或低速夹层、地下空洞和掩埋物等不良地质体的探测。

4. 浅层地震反射波法探测土洞的有效性

由于地震波场十分复杂,除了有反射波外,还有沿地面传播的地滚波(直达波)、声波、面波、折射波。特别是在近炮点处,直达波、声波、面波和浅层反射波混在一起,无法拾取。因此,深度10m以内或5m内可称为浅层地震反射法的盲区。尽管黏土与土洞存在明显的波阻抗差异,但用浅层地震反射法探测浅埋型土洞(10m以内)效果不好。

其次,根据弹性波理论,当异常体的空间尺寸小于1/4波长时,弹性波就会绕过异常体而不发生反射。在覆盖层中拾取的弹性波振动频率一般为60Hz左右,波的传播速度为1 800m/s左右,波长为30m左右。空间尺寸小于10m的土洞难以发现。

另外,浅层地震反射法的测点间距不可能很小,即使在高密度浅层地震反射法中,测点距也不会小于0.5m。如果以探测目标体上不少于20个反射点的原则来衡量,直径10m以下的土洞都不可能被完整地发现,即使以不少于5个反射点来衡量,直径3m以下的土洞也难以被发现。

5.2.2.3 高密度电阻率法

该方法与常规电阻率法没有本质的区别,只是实现了野外测量数据的快速、自动和智能化采集。通过一次性布设数十根电极,进行不同方式的测量,可一次性得到更多的信息,而电极距越小,高密度电法的分辨能力越高。

1. 基本原理

电阻率法是以地下介质存在明显的电阻率差异为应用前提。通过供电电极向地下供电,测量供电电流I,并用测量电极测量地面电位差ΔV,计算地下介质的视电阻率:

$$\rho = K \cdot \Delta V / I \tag{5-1}$$

当地下介质均匀时,视电阻率就是地下介质的真实电阻率;当地下存在低阻不均匀体时,由于低阻体吸引电流线,使地表电位差变小,就产生低阻异常;当地下存在高阻不均匀体时,由于高阻体排斥电流线,使地表电位差变大,产生高阻异常。不均匀体与围岩的电阻率差异越明显、不均匀体的规模越大,产生的异常也就越大。

高密度电阻率法与常规电阻率法没有本质的区别,只是实现了野外测量数据的快速、自动和智能化采集。通过一次性布设数十根电极,进行不同方式的测量,可一次性得到更多的信息,使得点距为5m甚至1m的测量成为可能。

2. 高密度电法探测土洞的有效性

充水或充泥土洞:由于充水或充泥土洞与黏土的电阻率差异很小,因此高密度电法探测充水或充泥土洞的效果不好。充气土洞:虽然空气与黏土之间存在明显的电阻率差异,但是电阻率法只对高阻中的低阻不均匀体敏感,而对低阻中的高阻不均匀体敏感性较差,如10倍电性差异的高阻体只产生10%的视电阻率差异,而10倍电性差异的低阻体只产生3%的视电阻率差异。

此外,高密度电法的勘探深度和探测对象的深度(h)与直径(d)的比值(h/d)有关(图5-4),这个比值的极限大约是5。对于埋深5m,土洞规模1m的土洞,此方法探测到的可能性很低,而埋深3m,土洞规模1~2m的探测则可能实现。

5.2.3 深孔钻探

深孔钻探是获取地表以下准确地质资料的重要方法,深孔钻探工作需在工程地质调绘、物探工作基础上进行。

深孔钻探的目的是验证深部地层层序、岩性、岩体完整程度,确定断层在深部的位置、宽度、破碎程度,验证物探异常性质。

深孔钻探的主要技术要求有:

(1)钻孔位置和数量应视地质复杂程度而定。

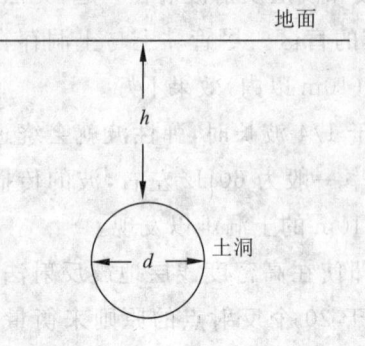

图5-4 土洞的直径与埋深

可溶岩与非可溶岩接触部位及地层层序复杂部位等重要地质界线、断层破碎带、大型物探异常部位、可能产生突水(泥)地段等应有钻孔控制。

(2)钻孔孔深应至隧道底以下3~5m,遇溶洞、暗河时应适当加深至溶洞及暗河底以下5m。

(3)深孔钻探前,应根据钻孔任务书的要求进行深孔设计,其内容主要包括:

a)熟悉钻探技术任务书,根据推断的地质情况绘制钻孔柱状图,并注明地层等级、层次、层厚、深度、孔壁情况等。

b)根据地质要求和钻机类型及主要钻具设备等确定开孔直径和终孔直径。

c)确定该钻孔的换径区段。

d)确定钻进方法,如使用钻头的直径、种类、规格、套管的规格以及是否使用冲洗液等。

e)编制钻孔设计图。

(4)钻进中应满足以下要求:

a)一般地层回次进尺不大于1m,破碎带不大于0.5~0.7m;不同地层分层误差不应超过0.1m。

b)钻探孔深最大允许偏差为±2‰,每钻进50m必须校正一次,孔斜每100m不超过1.5°,累计孔斜不超过4°,每钻进50m必须校正一次。

c)应做好水位观测和记录,并取样进行水质分析。

d)水文地质条件复杂的岩溶隧道,应做好水文地质试验,测定地下水的流速、流向及岩土体的渗透性,必要时应进行地下水动态观测。

e)应取代表性岩土试样进行物理力学性质试验。

5.3 岩溶路基勘察实例

5.3.1 新耒阳车站岩溶路基勘察

1. 工点概况

新耒阳车站长 2 370m,共 4 股道(中间Ⅰ、Ⅱ道为正线,左为 3 道,右为 4 道),设旅客地道一座(K1819+241),箱涵一座(K1819+066)。站坪广场位于 K1819+056～+326 左侧,站房位于 K1819+056～+266 左侧,左侧站房均为钻孔桩基础,冲击钻成孔。站址位于耒阳市哲桥镇余庆乡龙新湾北,主要为丘陵间夹宽缓谷地,丘顶浑圆,丘坡自然坡度一般为 10°～25°,相对高差 18～24m,植被较发育,部分辟为旱地。谷地平缓开阔,略有起伏,多被辟为水田,部分地段如 K1818+486～+586 段分布有水塘。区内有 107 国道、京珠高速公路、京广铁路横穿南北,乡村级公路四通八达,交通便利。

场区均为第四系土层覆盖,主要以次生红黏土(图 5-5)为主,厚度为 6.0～23.5m,液限为 45%左右,具有上硬下软、裂隙发育和较强的胀缩性等特征,基岩界面附近红黏土(厚约 0～6m)受地下水浸泡呈软塑或流塑状。谷地相第四系地层多为冲洪积或湖积成因,多呈褐黄、褐灰色,软塑或流塑状,具软土特征,钻探揭示有腐植物(图 5-6)。

图 5-5 新耒阳车站丘坡红黏土　　图 5-6 车站谷地软土夹杂腐植物

根据区域地质资料,工点位于龙形圩背斜的次级构造——灶市向斜的西翼,表现为单斜构造。场区隐伏地层主要为泥盆系锡矿山组(D_3x^1)灰岩(图 5-7),且岩溶发育。

场区地下水主要为第四系松散岩类孔隙水、岩溶裂隙-溶洞水。第四系松散岩类孔隙水主要分布于第四系红黏土中,水量少;岩溶裂隙-溶洞水主要赋存于泥盆系锡矿山组(D_3x^1)灰岩中,场区裂隙及小型溶洞发育,线性岩溶率为 10.62%,地下水丰富,并略具承压性质。地区地下水补给来源主要为大气降水,谷地段地下水位埋深约 1m,地下水位随

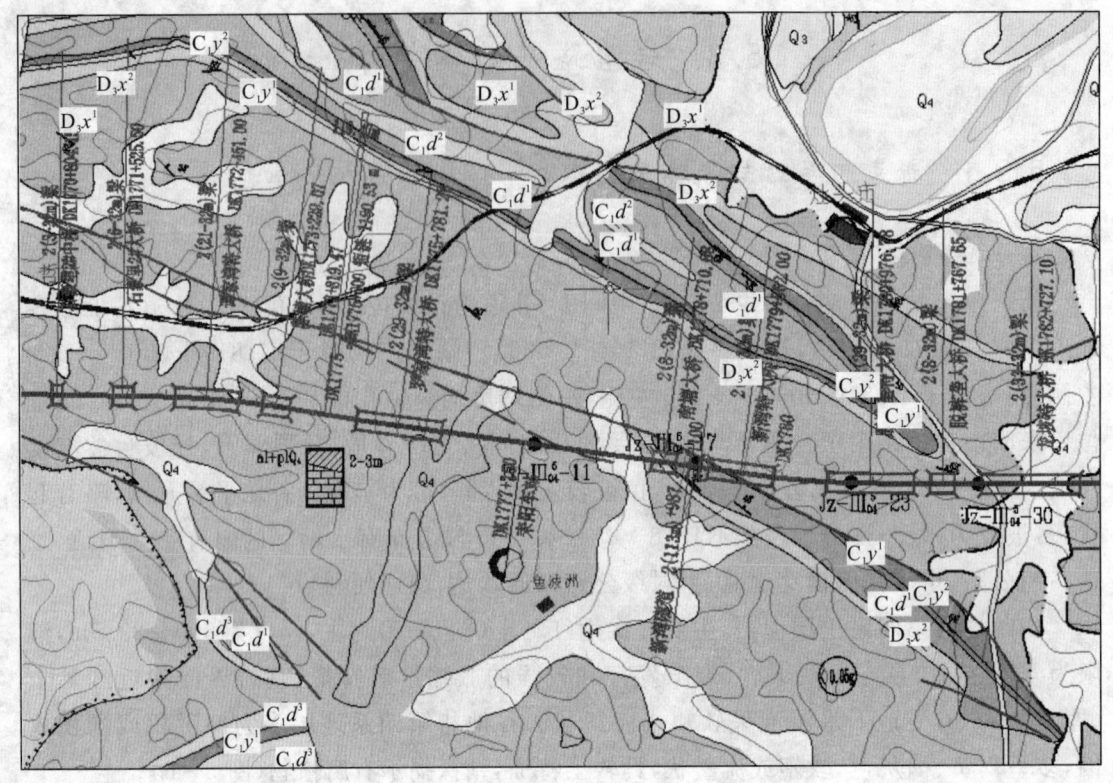

图 5-7 新耒阳车站区域地质构造图

季节变化较大。受灶市向斜翼部石炭系测水段(C_1y^2)隔水岩组影响,地下水主要向线路右侧(西)溪谷方向排泄。

地下水 $pH=6.2$,$[SO_4^{2-}]=40mg/L$;[侵蚀性 CO_2]$=86.54mg/L$;$[Mg^{2+}]=4.38mg/L$;$[HCO_3^-]=142.79mg/L$;对砼一般无侵蚀性。

新耒阳车站属典型的覆盖型岩溶区,主要发育特征总结如下:

(1)隐伏灰岩岩溶形态以溶蚀石芽、溶沟溶槽(图 5-8)以及充填溶洞为主,局部发育空洞。

(2)岩溶与红黏土呈伴生关系存在,尤其是基岩接触带多分布有 0~6m 的软化红黏土,地下水位变化时易潜蚀或携带运移流失形成土洞,发展至地面时造成地表塌陷。

(3)隐伏灰岩岩溶发育,覆盖土层为谷地相软土,当地下水位波动强烈时,极易产生地表岩溶塌陷,其中尤以 K1818+976~+276 段更为典型。

2. 工点勘察情况

耒阳车站属于覆盖型岩溶区,易产生土洞并诱发地表岩溶塌陷,危及铁路工程安全,重点在以下几个方面进行了细致工作。

(1)岩溶区域地质成果的收集与研究。场区属覆盖型岩溶区,TM 等遥感地质图像成果对岩溶地貌、隐伏岩溶、岩溶发育情况等反映效果不理想。在区域地质图的基础上补充

图 5-8 新耒阳站路堑开挖揭示的隐伏石芽及溶沟溶槽

收集了 1:5 万水文地质图、地方志及史料,研究了区域岩溶水的补给、径流与排泄关系,以及岩溶灾害的历史产生、发展和变化情况。

(2)岩溶地质综合调查测绘。2004 年 5 月—10 月定测阶段线路方案基本稳定,在 1:5 万水文地质图的基础上进行了 1:2 000 带状工程地质测绘,重点对地层构造、岩溶井泉、地下水开采、地表岩溶塌陷等情况进行调查,查明了场区地下水的补给、径流与排泄关系,在近期历史上无大规模地下水开采以及地表塌陷产生现象。

(3)岩溶地区综合勘探。覆盖型岩溶区勘探重点采用了在综合物探的基础上,结合路基钻孔、验证性钻孔查明岩溶发育规律及其特征。综合物探以电法为主,验证性钻探间距原则上采用 50~100m,揭示隐伏岩溶岩面起伏变化大、溶蚀沟槽及溶洞中等至强烈发育。考虑到岩溶发育在空间上的不确定性及复杂性,勘探成果仅仅是对岩溶详细发育形态仅仅是揭露了"冰山一角",必须加强施工阶段岩溶勘探以及动态设计。

5.3.2 武广客运专线 K1920+817~+886 段岩溶路堑勘察

1. 工点概况

本段路基处于湖南省郴州市西南仙岭水库区,属局部裸露型岩溶区,路堑以挖方通过,中心挖方高度约为 6m。工点属丘陵区,丘顶浑圆,自然坡度平缓,相对高差 10~25m,杂草发育。

场区多为第四系土层零星覆盖,主要以次生红黏土为主,多呈硬塑状态,夹杂有 10%~15%碎石。局部出露基岩,多呈石芽状出露,主要为石炭系壶天群(C_{2+3})白云质灰岩

(图5-9)。

2. 工点勘察情况

本工点长度较短且地形起伏较小,采用电法勘探的基础上重点进行了钻探验证,查明了场区岩溶地质条件,验证性钻探间距原则上采用50~100m。仙岭水库属场区的岩溶发育及地下水排泄基准面,根据岩溶发育的垂直分区,工点范围内主要处于垂向渗流带,岩溶发育亦与之呈明显的相关性。

石炭系壶天群(C_{2+3})可溶岩在我国南方地区,是岩溶最为发育的岩组。本次钻孔揭露岩溶多以小型溶洞、溶隙为主,对路堑挖方底板安全亦有重大安全威胁。

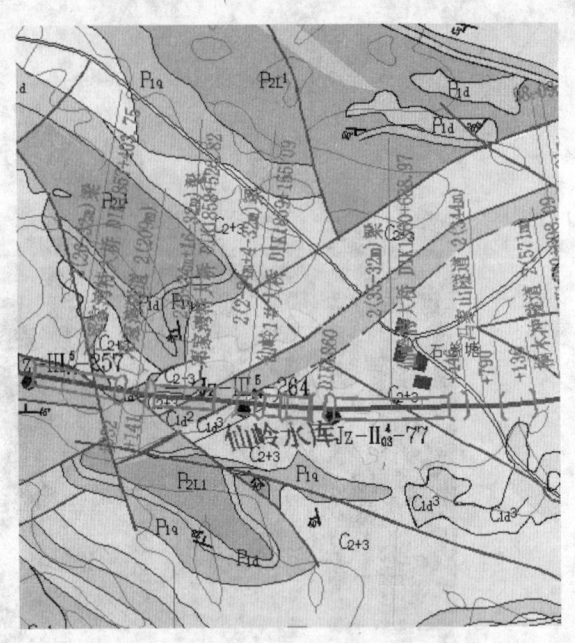

图5-9 仙岭水库区域地质构造图

勘察阶段对岩溶的认知主要是查明其发育特征及规律,针对具体岩溶发育形态,必须加强施工阶段岩溶勘探以及动态设计。

5.3.3 武广客运专线K2107+206~+406段岩溶路基勘察

1. 工点概况

K2107+206~+406段内属低山丘陵及河流堆积地貌,地面高程62~130m,相对高差20~45m;阶地地势平坦,多已垦为旱地、水田、鱼塘;残丘坡度10°~30°,植被茂密。丘陵平缓地带散布民房,有乡村便道通过区内,交通方便。

K2107+206~+406段覆盖土层主要为第四系中上更新统(Q_{2+3}^{al})冲积黏性土及卵石土,厚度约为7~35m,谷地段分布有0~7m松软土。下伏基岩为石炭系下统岩关阶孟公坳组(C_1ym)灰岩及大塘阶石磴子段(C_1ds)灰岩,K2105+846~K2106+400段受钟屋断裂影响,岩体较破碎。灰岩隐伏串珠状溶洞,多为空洞及半充填,最大溶洞高为5.2m,最大埋深的标高为41.73~36.53m。

场区地下水主要由大气降水补给,多以孔隙潜水形式赋存于卵砾石土层中,水位深1.5~6.0m,受地表黏性土层相对阻水影响,略具承压性,水量丰富。岩溶水赋存于岩溶裂隙及溶洞中,主要由地表水侧向补给或第四系孔隙水越流补给,水量较丰富。浅层地下水垂直运动为主,深层地下水为近水平运动。地下水水质类型为$HCO_3^--Ca^{2+}Na^+$型,对砼具中等硫酸型酸性侵蚀及中等溶出型侵蚀。根据《铁路混凝土结构耐久性设计暂行规定》,在环境作用类别为化学侵蚀环境时,水中相关离子对钢筋混凝土结构的侵蚀作用等级为 H1(酸性侵蚀、硫酸盐侵蚀)。根据《岩土工程勘察规范》GB50021-2001,在Ⅱ类环境和 A 类地层渗透性条件下,环境土对混凝土结构具弱 pH 值腐蚀性(弱酸性腐蚀)。

本段为覆盖型岩溶区,北江及其支流构成了场区的溶蚀基准面,线路位于溶蚀基准面之上,隐伏岩溶基本处于岩溶季节交替带-垂直循环带中。岩溶形态主要为溶蚀破碎带、充填溶洞和充填溶缝、溶沟、溶槽。经钻探揭示本段覆盖型溶洞发育,溶洞大多为空洞,呈串珠状分布,最大溶洞为 5.2m,洞底最大埋深顶底板的标高为 41.73~36.53m。尤其是 K2107+206~+606 段基岩面附近粉质黏土埋深约 22m,厚约 1~5m,长期受地下水浸泡,其力学性质较差,存在岩溶地面塌陷的危害,在设计及施工时应引起重视。

2. 工点勘察情况

本工点在现场地质调绘的基础上,采用了地质雷达、浅层地震和电磁波、声波透视(CT)等技术在内的综合物探,以及钻探等勘察手段,对岩溶路基进行综合勘察和评估。

(1)地质调绘。针对覆盖型岩溶区基岩很少裸露的特点,地质调绘重点岩溶井泉、地表既有塌陷、厂矿抽排水等方面的调查工作,对北江等岩溶排泄基准面进行了核查。

(2)综合物探。本段路基结合介质条件、实际效果等综合采用了电测深、弹性波层析成像(CT)等多种工程物探方法。线路左右线中心各布置一条电法物探剖面,钻孔间采用了弹性波层析成像方法,钻孔间距约 30m,钻孔深度至线路以下 35m,物探深度自地面至地面以下 30m,以查明溶洞在线路附近的分布情况及对线路的影响。土层与沉积岩的接触带一般采用音频大地电磁法(V5),点间距一般为 20m,以查明路基范围内接触带及接触带岩体的破碎程度、地下水的发育情况等。

(3)地质钻探。本段属覆盖型岩溶区,路基地段原则上 50m 布置 1 个勘探点,岩溶路基地段根据勘探揭示的岩溶发育程度适当增加钻孔,以确保钻孔内弹性波层析成像(CT)的测试。高填路堤段进行代表性横断面勘探,每个横断面上应有 2~3 个勘探点,以查清地基土的稳定性以及沟槽、洼地、古河道地段的软弱土层。

(4)岩溶发育情况。本段路基拟采用桩板结构进行处理,逐桩进行钻孔,钻孔揭示本段岩溶极其发育,根据《铁路工程不良地质勘察规程》相关规定,本段属于岩溶极发育区,岩溶极易塌陷。

针对本线覆盖型岩溶段覆盖层较厚、地下水埋深浅、岩溶发育等特征,开展了"武广客运专线韶关至花都路基地段厚覆盖型岩溶塌陷预测与防治技术研究"科学试验研究。通过该科研项目,有针对性地解决了可溶岩路基地段岩溶整治范围、深度、方法等问题,指导了设计和施工。

5.4　本章小结

在岩溶路基工程地质勘察中重点在于围绕岩溶发育和岩溶水文工程地质条件进行勘察。基础地质条件的勘察,包括研究区域自然地理、地貌、地层岩性、地质构造及近代物理地质现象等。只有在掌握上述基础地质条件的基础上,才能进行岩溶工程地质勘察。通常情况下,岩溶工程地质勘察的工作量要比非岩溶地区大得多。

高质量的勘察是岩溶路基整治成功的前提,它有助于对岩溶路基提出针对性的整治方法、方案。

高速铁路岩溶路基勘察主要采用遥感解译、地质调绘、地球物理勘探、钻探及测试试验、地下水长期观测等方法。其中地球物理勘探方法又包括地质雷达、浅层地震法、高密度电阻率法等,不同的方法具有不同的开展条件和探测精度,应根据实际工况进行选择。

武广高铁岩溶路基勘察过程中采用了多种勘察方法,各种方法相辅相成,较好地探明了岩溶发育的位置和基本尺寸,为进一步整治工作的开展提供了依据。

第六章 高速铁路岩溶路基整治

6.1 高速铁路岩溶路基整治的难点和设计原则

6.1.1 整治难点

1. 高标准的路基工后沉降控制

高速铁路一般地段无砟轨道沉降标准15mm,有砟轨道250km/h工后沉降≤10cm,300km/h、350km/h工后沉降≤5cm。如此严格的沉降控制标准,对岩溶路基地段的岩溶处理甚至是地基土处理提出了更高要求。

2. 复杂的岩溶发育形态

受气候、岩性、构造、水文条件、地下水活动强度、地壳升降等因素的影响,岩溶发育形态极其复杂多变。例如,武江特大桥某墩台处于覆盖型岩溶区,隐伏的古岩溶形态多呈溶沟、石芽、溶洞等,相邻桩位基岩面相差达数十米,反映了岩溶发育的复杂性和多变性。以目前国内、国际上常用的电法、电磁法等物探手段,查明岩溶路基地段的岩溶发育形态,受介质地形条件、物理条件、接地条件、解译多解性等因素影响,查明岩溶形态是非常困难的。而运用大量钻探、挖探手段,从勘探成本上考虑又是不经济的。因此如何运用合理、经济的手段,查明岩溶发育规律,为岩溶路基设计提供可靠依据,是制约岩溶路基整治的重要因素之一。

3. 需要安全可靠且经济的加固处理方案

岩溶发育的不均一性、不确定性和空间复杂性,加之目前的岩溶勘察技术均具有一定的局限性,导致岩溶路基处理措施的合理选取受到很大的制约和限制,对岩溶所引起的病害产生的概率、规模以及影响,更是在合理的建模、计算的准确性等方面难以评估。所以,对于沉降控制标准极其严格和风险防范等级极高的高速铁路无砟轨道路基,设计处理方案要么是"铜墙铁壁",要么是考虑有疏漏。前者造成工程投资无法控制,后者又造成铁路安全隐患。

综上所述,如何在保证路基工程变形和稳定的同时采取较为经济适用的治理措施,是工程建设过程中面临的重大技术难题。

6.1.2 岩溶路基整治原则

岩溶路基整治原则将基本上确定岩溶路基整治的思路和方案,对高速铁路全线的路基整治起指导作用,以下以武广客运专线为例对其进行说明。

武广客运专线本线乌龙泉至临湘、易家湾、中路铺、耒阳—郴州、韶关—英德段岩溶十分发育,另外咸宁、伞铺、中路铺及杨梅山地区白垩系及下第三系的钙质胶结的砂砾岩、砾岩也发育溶洞。当上覆土体会因地下水的潜蚀破坏产生土洞时,或溶洞距路基的距离不能满足安全距离 L(L 按规范 TB10035-2002 中 P50 页计算)要求时,应进行彻底整治。

1. 处理深度确定原则

"武广客运专线厚覆盖型岩溶塌陷预测及防治措施研究"课题研究结果表明,溶洞顶板岩体最大拉应力与顶板厚度呈指数衰减关系(图 6-1),随着顶板厚度的增加,顶板最大拉应力减小,受拉区范围缩小,岩体抗剪安全系数增大(图 6-2)。表明在其他条件不变的情况下,随着顶板厚度增加,溶洞的稳定性增加。

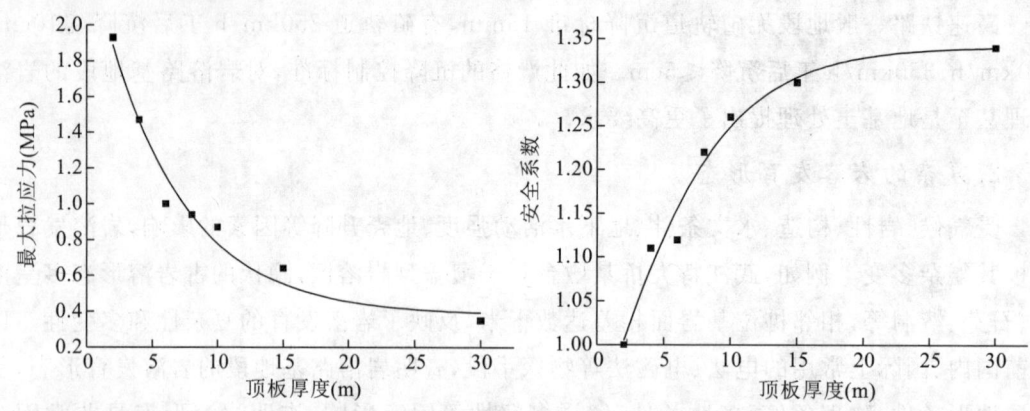

图 6-1 最大拉应力与顶板厚度的关系　　图 6-2 最小安全系数与顶板厚度的关系

当覆盖层厚度不变时,随洞径增大,顶板最大拉应力增大(图 6-3),受拉区高度与顶板厚度的比值增大,溶洞顶板安全系数减小,表明溶洞顶板的稳定性随洞径增大而降低。综合以往经验,溶洞顶板稳定的判别标准拉应力区高度比小于 1/3 不产生张拉破坏和剪切破坏,随着洞径的增加,拉应力高度比越大(图 6-4)。

当洞径和顶板厚度不变时,随着覆盖层厚度增加,拉应力高度比减小,安全系数增大,覆盖层较薄时洞顶拉应力将明显受路基荷载的影响,因此覆盖层较薄时,5m 厚顶板的溶洞在路基荷载作用下趋于不稳定。

结论:根据图 6-5,覆盖层厚度 20~25m 级占本线岩溶整治范围 70.7%,覆盖层厚度 40m 级及以上段落的,段落内大部分也以 25m 厚度以下为主,因此路基岩溶整治最大深度以 25m 为宜。根据本线岩溶发育特征,在覆盖层厚度为 25m 时,当岩体抗剪安全系数大于 1.15 时,溶洞顶板厚度大于 5m 时溶洞是安全的,当顶板厚度不足 5m 时,需单独设

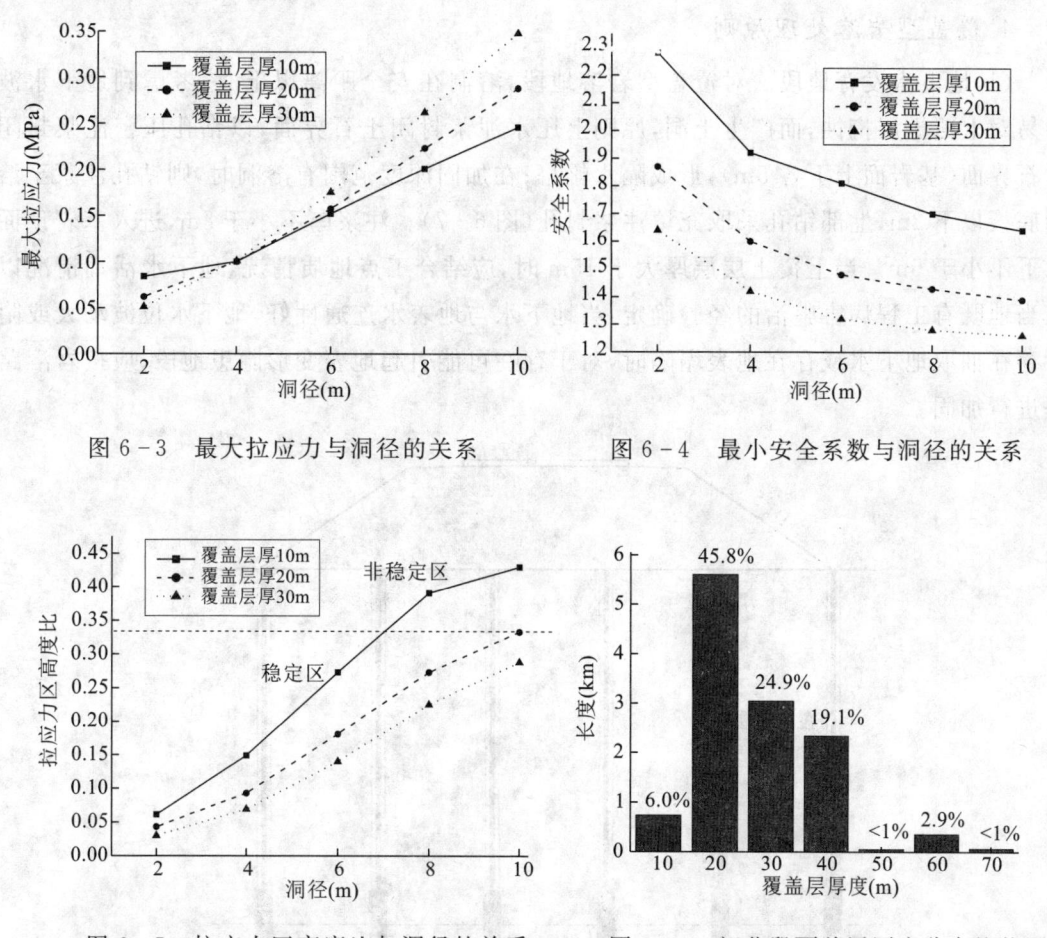

图6-3 最大拉应力与洞径的关系　　图6-4 最小安全系数与洞径的关系

图6-5 拉应力区高度比与洞径的关系　图6-6 韶花段覆盖层厚度分布柱状图

计。根据图6-6，当基岩面下溶洞洞径小于7m时，深入基岩的注浆深度5m可满足地基安全要求；若洞径大于7m，且覆盖层厚度小于10m时，基岩段注浆深度应加深至8m。

2.浅层及开口型溶洞

采取揭盖回填M7.5浆砌片石或混凝土封闭措施。对位于基床厚度范围内的溶沟、溶槽，应将突出的坚硬岩石进行清爆，将堆积填充物予以换填，基床范围考虑高速铁路的对变形要求高且对运营安全提出了更高要求，全线统一换填C20混凝土。当基床厚度范围以下，堆积充填物强度较低，按计算对堆积物进行换填或加固，换填材料亦采用片石砼或者是填加3%~5%水泥的级配碎石。

3.裸露型岩溶处理原则

地面以下25m深度内存在溶洞或破碎带的地段，采取安全顶板厚度法判别，若顶板厚度达不到要求（完整顶板厚跨比不小于0.5，非完整顶板厚高比不小于5.0），则要采取钻孔充填注浆或压密注浆至溶洞底板以下2m。

4. 覆盖型岩溶处理原则

(1)地下水发育地段。对覆盖型岩溶地段,溶洞在安全距离以下时,考虑到地下水波动易对上覆土层掏蚀,而产生土洞,原则上压水泥浆封闭土石界面,以钻孔压密注浆封闭土石界面(基岩面上下各5m),形成隔水帷幕;在加固深度范围有溶洞时,则钻孔注浆至溶洞底板以下2m,上部钻孔采取充填注浆封孔(图6-7)。注浆厚不小于8m,进入基岩顶面以下不小于5m。当上覆土层层厚大于15m时,应结合工点地质情况、地下水活动情况以及当地既有工程病害整治的经验确定,当地下水与地表水连通性好,地下水位波动大或附近存在抽取地下水或存在地表塌陷时,对于存在可能引起地表变形隐患地段,应按岩溶路基进行加固。

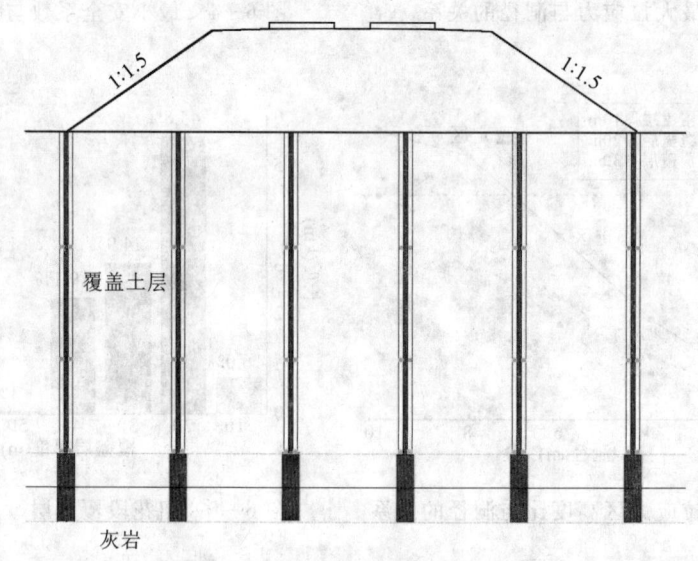

图6-7 岩溶注浆加固示意图

(2)地下水不发育地段。对溶洞无流动地下水且有充填堆积物,顶板厚度不能满足要求时,可采用压浆进行处理。有条件时,空洞可以先填砂砾石或碎石再行压浆。压浆设计时,应根据岩溶空洞率,充填物孔隙率等合理选用灌浆技术参数。

(3)个别覆盖层为软弱土层、串珠状岩溶极发育地段。对规模中等以下的溶洞、溶蚀裂隙,或串珠状溶洞、覆盖层为软弱土层地段,通过技术经济比选,可采用梁跨、板跨、拱跨等结构形式跨越等措施。

5. 影响边坡稳定的岩溶处理原则

对影响路堑边坡稳定的坡面上的溶洞、溶槽和溶蚀凹坎,采取M7.5浆砌片石嵌补支顶加固措施。

对于大型封闭洼地套落水洞、漏斗,由于其可变性,为确保客运专线的稳定与安全运营,应设桥通过。

6.2 岩溶路基常用整治方法

6.2.1 填堵法

该法可分为充填法、换填法、挖填法、垫褥法等。

(1)充填法。充填法适用于裸露岩溶土洞,其上部附加荷载不大的情况。最底部须用块石、片石作填料,中部用碎石,上层用土或混凝土填塞,以保持地下水的原始流通状况,使其形成自然的反滤层。

(2)换填法。当已被充填的岩溶土洞,如充填物物理力学性质不好,可结合工程荷载情况、填料来源情况、工程投资等情况选择石料、混凝土等进行换填。

(3)挖填法。对浅埋的岩溶土洞、洞穴,将其挖开或爆破揭顶,如洞内有塌陷松软土体,应将其挖除,再以块石、片石、砂等填入,然后覆盖黏性土并夯实,称挖填法。为提高堵体强度和整体性,在填入块石、片石等填料时,注入水泥浆液,以黏结成整体,并阻断地下水。

(4)垫褥法。对岩溶洞、隙、沟、槽、石芽等岩溶突出物可能引起地基沉降不均匀,将突出物凿去后做 30～50cm 砂土垫褥处理,称为垫褥法。

6.2.2 跨越法

此法包括板跨法、梁跨法、拱跨法等。

(1)板跨法。深度较大、洞径较小不便入内施工或洞径虽大、但因有水的溶洞,可据建筑物性质和基底受力情况,用混凝土板或钢筋混凝土板封顶,称板跨法。桂林某厂车间柱基基础下面采用钢筋凝土板跨越下伏溶洞或土洞,在各杯口周围同样预留灌浆孔,保证了各柱沉降比较均匀;宜春市张坊大桥 3 号桥台也采用钢筋混凝土板跨越溶沟,处理效果良好。

(2)梁跨法。对埋藏较深但仍位于地基持力层内的规模较小的塌陷或土洞,可用弹性地基梁或钢筋混凝土梁跨越土洞或塌陷体。贵州某影剧院岩溶地基的处理采用倒挂式沉井墩式基础作支承,然后在沉井、墩基及基岩上架设 20.6m 的弹性地基梁跨越溶洞处理,效果甚佳。

(3)拱跨法。在地下建筑工程的边墙、堑式挡墙、堤式坡脚挡墙及桥墩、桥台等地基下常见洞身较宽、深度又大、洞形复杂或有水流的岩地基,宜采用拱跨形式。拱分浆砌片石拱、混凝土拱、钢筋混凝土拱。

6.2.3 强夯法

强夯法又称为动力深压实法,是用吊车将很重的夯锤提升到某一规定高度,然后让其自由下落来强力夯实地基一定深度范围内的土层。此法既可用来夯实塌坑回填土,压实建筑物地基,又可消除浅部土洞隐患,使场地得以改善。

6.2.4 灌注法

通过一定的压力,使浆液(水泥浆)填塞充填下伏灰岩顶部的溶洞、溶槽、裂隙及上部土层中的孔隙、土洞。使其基本形成水平注浆帷幕,切断降水或其所形成的地表水沿覆盖土层下渗的可能,有效降低地表水补给地下水时对上部土体的潜蚀和淘蚀能力,减少岩溶水和上部覆盖土层之间地下水的垂直联系,使深层地下水的升降变化不至于直接侵蚀上部土层,同时使得地基土层得到加固,从而起到了加固和稳定路基的作用。灌注法的主要步骤如下。

1. 注浆孔定位放样

临时道路、供水管线、场地平整以及设备进场等前期准备工作完成后,即可进行现场注浆孔定位放样。放样前应根据路基设计横断面图、注浆孔平面布置图,以及现场钻孔验证所确定的加固范围,用全站仪进行放样,并在现场用桩橛标定、编号。当地表、地下有障碍物时,可根据实际情况,适当移动孔位。

2. 注浆孔钻孔

钻机进场后按操作规程进行组装和调试,保证运行正常、安全。钻孔前,根据图纸进行现场核对。为了更好地利用浆液,不使浆液流散太远,一般应先两侧后中间。地表有覆土时,为防止孔口坍塌或缩孔,必要时下较大直径的孔口管或采用跟管钻进。

3. 注浆

注浆之前要进行孔深测量和压水试验,一方面是为确保注浆加固深度,检查管路的畅通和密封性,另一方面是掌握孔内吸水量,以及地面有无溢水现象,以保证注浆质量和注浆的顺利进行;采用试验的参数,确定浆液的配合比以及注浆压力;注浆时,注浆顺序通常为:先外排后内排,同一排中先两头后中间。

注浆压力按由小到大、浓度由稀到稠、速度由慢到快的原则进行,开始先采用自流式注浆,当浆液面达到孔口时采用有压注浆,压力由小到大,最大压力不超过终注压力的2倍;浆液以纯水泥浆为主,对有较大的溶洞、裂隙,且无充填物,须先投入粗粒充填料(如砂、碎石)后再注入浓度较大的水泥浆;当遇到地下水流速较大、裂隙畅通的孔段漏浆、跑浆严重时须停止注浆,视具体情况,通过调整浆液浓度、注浆时间、速率、添加速凝剂、双浆液注浆或改变注浆方法等措施来解决;注浆过程中,要采取有力措施减少对工程周边环境的污染(图 6-8)。

6.2.5 深基础法

溶洞、塌陷漏斗较深较大或溶洞多层发育,可采用桩基础。在基岩起伏处,其上覆土层性质较软弱、厚度又大、不易清除时,宜采用钻孔或冲孔灌注桩、爆扩桩,视工程需要作支承桩或摩擦桩,桩头锚入基岩内;采用打入桩时,桩尖应锚入基岩,采用人工挖孔桩时,

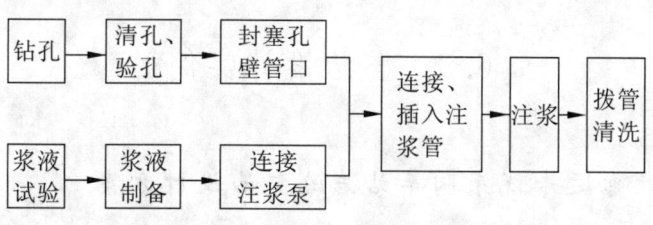

图 6-8　常用注浆流程图

多数情况开挖时宜设护壁。

对于高速铁路岩溶路基工程,为了防治覆盖型岩溶区地面塌陷和不均匀沉降对路基工程造成危害,岩溶地基加固的处理方法发展存在以下趋势:一是岩溶桩板结构被认为是最有效的基础类型而被广泛采用;二是考虑到零变形需要,换填材料普遍提高为 AB 组填料、级配碎石、片石混凝土,甚至是低标号混凝土;三是为防范岩溶塌陷的产生,以及抽排地下水的不确定性,灌浆加固亦被广泛采用。

近年来,用土工合成材料防治沉陷或塌陷比混凝土盖板的优势已被认识,土工合成材料又以重型土工格栅最为有效,它的纵向抗张强度可达 400kN/m(标准的仅为 40kN/m),但其耐久性及其强度与时间的渐变关系有待实践中进一步研究和探索。

6.2.6　疏、排、围、改治理方法

塌陷坑往往成为地表水倒灌的进口,因此采用疏排方式把地表水引开。易产生洪泛的地区要把塌陷坑四周围起来,并尽快回填。当塌陷坑在河床两侧或河床内时,根据具体情况可考虑河床改道绕行。

6.2.7　平衡地下水、气压力法

在一些岩溶空腔内,由于水位升降会产生水气压力的变化,为防止或消除气爆、气蚀效应,可设置各种与岩溶管道相通的装置,以保持地表与地下的水气压力平衡,消除引起塌陷的动力。

6.2.8　综合治理法

由于岩溶区地貌、地质、水文条件复杂,在塌陷数量多、影响范围大的地区,采用单一的治理措施往往收不到理想的治理效果,因此可视具体情况,针对塌陷产生的诸多因素进行多种方法综合治理。

6.3 整治设计实例

6.3.1 武广客运专线耒阳车站岩溶整治设计方案

6.3.1.1 总体方案

场区属覆盖型岩溶区,因岩面普遍存在一层 0~6m 的软化红黏土,地下水位变化时易潜蚀或携带运移流失形成土洞,填方地段路基均采用钻孔帷幕注浆封闭岩土界面 8~10m,路堤地段梅花形布置,孔间距 5m;路堑地段正方形布置,排距 5m,注浆帷幕 3.0m,加固厚度为入基岩深度 5~8m,注浆孔深 5.2~23.7m。若施工过程中遇溶洞,孔深至溶洞底板下 1.0m。

岩溶地区挖方地段因挖方导致岩面附近覆盖土层厚度较薄时,采用基底挖除换填 C15 片石混凝土并嵌补、封闭。松软土、软土地基主要采用 CFG 桩加固,桩径 0.5m,按正三角形布置,桩长至硬底,施工桩顶标高至垫层底以上 0.5m,桩间距 1.4~2.0m,桩长 2.0~20.7m。其中 K1819+077~+217 地基采用方桩桩网结构加固,桩径 0.3m,按正方形布置,桩长至硬底,施工桩顶标高至垫层底以上 0.5m,桩间距 1.6~1.9m。

6.3.1.2 耒阳车站 K1818+936~K1819+486 段沉降区变更加固处理方案

1. 路基施工概况

本段路基地基加固工程于 2008 年 6 月 15 日完成施工;K1819+036~+286 段路基填筑完成时间为 2008 年 7 月 15 日(含级配碎石填筑),堆载预压完成时间为 2008 年 10 月 25 日。Ⅰ、Ⅱ道的无砟轨道施工完成时间为 2008 年 12 月 30 日,3、4 道无砟轨道于 2009 年 6 月 18 日完成施工。左侧站房钻孔桩施工完成时间为 2009 年 1 月 22 日。

2. 轨面下沉情况

2009 年 7 月 13 日精调复测时发现 K1819+036~+289 段 4 股道的轨面有不同程度的沉降和水平位移,其沉降值的确定是以 2009 年 7 月 13 日的实测轨面标高与设计轨面标高对比,沉降值见表 6-1。

长轨精调复测发现的竖向沉降主要发生在Ⅰ、Ⅱ道,最大沉降是 44.6mm,3、4 道沉降较小,最大沉降是 17.7mm,沉降中心大致在Ⅰ、Ⅱ道的 K1819+166~+186;水平位移仅发生在Ⅰ、Ⅱ道,最大位移在 K1819+113,与竖向沉降中心错位。

3. 下沉原因初步分析

2009 年 7 月 19 日—20 日,武广公司在耒阳组织设计、咨询、监理、施工等单位召开专题会议。会议认为:K1819+186 及相邻地段岩溶异常发育,岩溶水具有承压性,工程地质条件复杂,原施工过程中曾发生塌陷。路基成型后相邻站房钻孔桩施工,冲击成桩工艺可能会引起地下水强烈波动,进一步疏通了岩溶管道,一定程度上对已施工的注浆帷幕产生不利影响,破坏了岩溶管道充填物的平衡,岩溶地基沉陷导致路基下沉。

表6-1 轨面变形情况表

股道	无砟轨道施工完成时间	竖向沉降		水平位移	
		下沉范围及下沉量	最大沉降里程及沉降量	水平位移范围及水平位移量	最大水平位移里程及水平位移量
Ⅰ	2008年12月30日	K1819+042～+289	K1819+172.9	K1818+978～K1819+176	K1819+114
		4.6～37.3mm	37.3mm	5～19.7mm	19.7mm
Ⅱ	2008年12月30日	K1819+028～+280	K1819+185	K1819+007～+172	K1819+108
		4.9～44.6mm	44.6mm	4.7～18.6mm	18.6mm
3	2009年6月18日	K1819+036～+269	K1819+166		
		4.7～13.3mm	13.3mm		
4	2009年6月18日	K1819+036～+236	K1819+186～+196		
		5.0～17.7mm	17.7mm		

据K1819+036～+486段各监测断面的变形观测数据看,从路堤填筑开始至预压结束的142～193天里,累计沉降为1.8～11.3mm,沉降量及沉降速率尚属正常范围,且预压卸载后近1个月时间内基本无沉降。2009年7月13日长轨复测发现的K1819+036～+286段轨面下沉,应当是在无砟轨道竣工后某个时期发生的。

左侧站房基本上与路基沉降范围相对应,站房钻孔桩施工在2008年11月22日至2009年1月22日,此时路基地基加固已完成。钻孔桩成孔的强烈冲击作用,一方面造成地下水的强烈运动和真空负压作用,可能对路基的稳定产生不利影响,形成隐患,加之地下水因天气变化的波动作用,引起上覆土体的坍塌或沉陷。同时,岩溶塌陷会造成桩周土松动和流失,或使加固桩产生倾斜,使桩承载能力降低,引起路基新的附加沉降。

4.岩溶地基沉陷整治方案

(1)K1819+036～+486注浆补强加固。部分注浆先导钻孔发现仍有没被充填的岩溶空洞,褥垫层比施工和设计标高有所降低,最大处降低超过1m,表明局部岩溶地基已发生了塌陷或下沉。本着彻底根治,不留后患的原则,下沉地段进行补注浆加固。K1819+036～+286段补注浆范围为3道至右侧路堤坡脚,注浆孔位布置在3-Ⅰ股道间、Ⅰ-Ⅱ股道间、Ⅱ-4股道间、2号站台至右侧坡脚。K1818+936～K1819+036及K1819+286～+486两段补注浆范围为路基两侧坡脚(图6-9)。

(2)K1819+076～+226旋喷桩加固补强。无砟轨道应力扩散范围内旋喷桩的横向

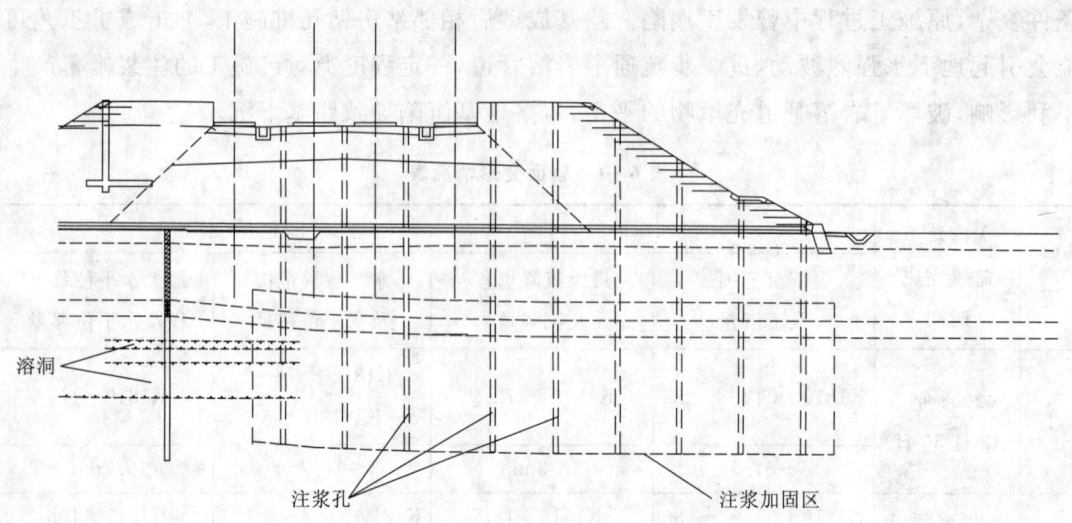

图 6-9 注浆补强加固方案

桩间距为 1.6~1.8m，纵向 1.6~1.7m，沉降较大的 K1819+166~+206 段纵向桩间距一般为 1.3~1.4m，桩径不小于 0.6m，桩身无侧限抗压强度不小于 2.5MPa。

K1819+076~+221 段右侧边坡下（无砟轨道应力扩散范围外），存在一纵向分布的溶槽，为防止横向不均匀沉降引起侧向位移，右侧边坡下旋喷桩间距均为 1.7~1.8m，三角形布置。其中 K1819+076~+221 段右侧边坡下发育一溶槽，雨棚柱至边坡平台旋喷桩桩径应不小于 0.8m。

K1819+066~+076 及 K1819+226~+276（不包括构筑物基础范围及其周围）两段仅在无砟轨道应力扩散范围设旋喷桩补强，纵、横向间距均为 2.5m。

旋喷桩加固深度，原则上为路基基底褥垫层至岩面，桩顶位置具体应根据塌陷对路基填筑土的影响程度酌情调整（图 6-10）。桩身无侧限抗压强度不小于 2.5MPa，根据桩径和桩身强度合理选配单重管或双重管旋喷桩机施工。

(3) 路基填筑层注浆加固补强（图 6-11）。由于路基填土下部密实度较低，动探揭示为稍密—中密状，加之整治施工大量钻探引孔，对填土层难免会造成扰动，引起附加沉降，因此对填层下部 3~5m 范围内采用低压注浆补强，注浆孔距 5m。为防止填土层注浆引起路基面各附属构筑物的变形，填土层注浆压力一般控制在 0.3~0.5MPa，最大压力不超过 0.5MPa。

(4) 轨道结构的处理。该段轨道为双块式无砟轨道，发生岩溶塌陷后轨道位置严重偏离设计位置，无法保证列车的高速运行和行车安全，必须拆除重建。正线 Ⅰ 道和 Ⅱ 道拆除 K1819+036~+289 段，3 道拆除 K1819+036~+296 段，4 道拆除 K1819+066~+276 段，共拆除 0.976km 单线。

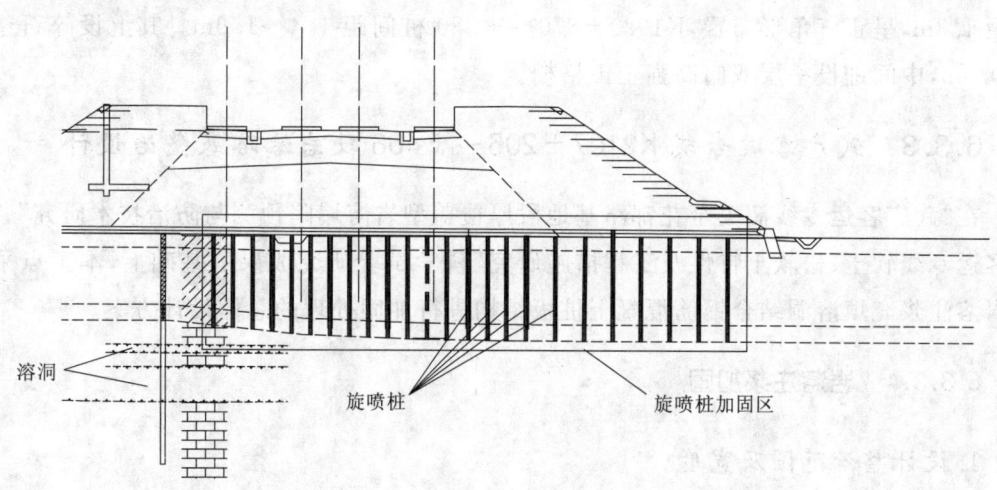

图 6-10 旋喷桩加固补强方案

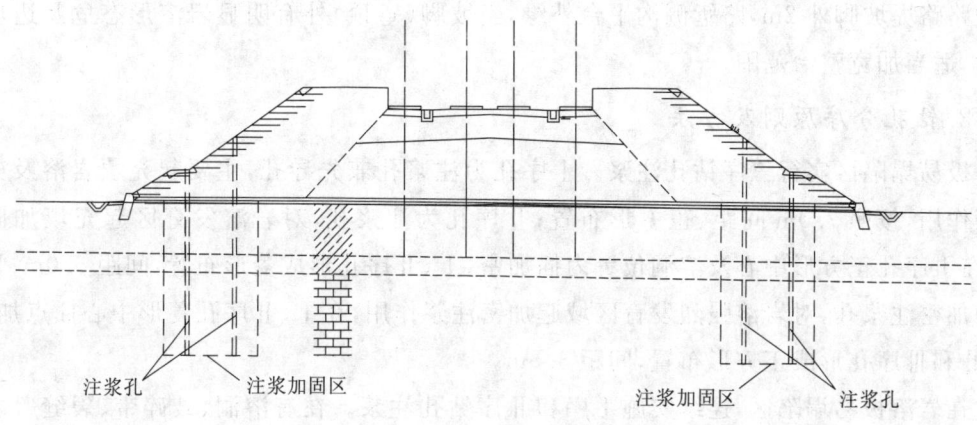

图 6-11 路基两侧帷幕加固方案

6.3.2 武广客运专线 K1920+817～+886 段岩溶路堑整治设计

该区段属于裸露型岩溶区路基,多为石质挖方地段,设计人员对其岩溶病害的认识往往是不全面或有缺陷的。宜万线路基多处于裸露型岩溶区,运营过程中发现石质路堑段多处小型溶洞导致道碴流失、路肩下沉等病害,影响了动车组顺利开通。

本线属高速铁路且为无砟轨道,对地基变形提出了更高要求,对岩溶路基基底的安全性也提出了全新要求。为此,全段路基基底采用压力注浆加固,孔间距 6.8m,正方型布置,加固厚度为入强风化基岩深度 8m。若施工过程中遇溶洞,孔深至溶洞底板下 1.0m。同时,加强了探灌结合的设计理念,结合密集的先导孔对岩溶发育形态进一步勘察,针对岩溶发育情况调整设计。

K1920+817～+886 段可溶岩与红黏土相伴生段采用 CFG 桩加固,桩长 4～5m,桩间距1.3m，呈正三角形布置，K1920+870～+880桩间距1.4～1.9m。其上设碎石垫层厚0.6m，中间铺设一层双向高强土工格栅。

6.3.3 武广客运专线K2107+206～+406段岩溶路基整治设计

在"武广客运专线韶关至花都路基地段厚覆盖型岩溶塌陷预测与防治技术研究"、"武广客运专线软土、松软土特性及工程措施研究"科学试验研究成果的基础上，本工点采用了岩溶注浆充填溶洞结合钢筋混凝土桩板结构进行加固处理的总体设计方案。

6.3.3.1 岩溶注浆加固

1. 设计整治范围及宽度

本段路基为岩溶易塌陷区和极易塌陷区，溶洞连通性较好且垂直发育的溶蚀破碎带、地下水位在基岩与覆盖层接触界面附近波动的段落，均需采取整治措施。整治宽度为新建铁路路堤坡脚外2m，路堑侧沟平台外缘，当坡脚（堑顶）外有明显岩溶形态危及边坡稳定时，适当加宽整治范围。

2. 钻孔分序原则及方法

极易塌陷区实行三序钻孔注浆。Ⅰ序孔为注浆孔兼先导孔，主要起充填岩溶及先导勘探作用，按照7.0m间距、正方形布置；Ⅱ序孔为注浆孔，对岩溶发育区起充填加固作用，在Ⅰ序孔正方形中心及溶洞位置内插加密，Ⅰ、Ⅱ序孔形成菱形布置，间距5.0m；Ⅲ序孔为加密注浆孔，对岩溶强烈发育区域起加密注浆作用，在Ⅰ、Ⅱ序孔菱形中心插点加密，Ⅰ、Ⅱ和Ⅲ序孔形成正方形布置，间距3.5m。

在岩溶极易塌陷区，连续实施Ⅰ序和Ⅱ序钻孔注浆。在有溶洞、破碎带、裂缝等岩溶密集发育区域，实施Ⅲ序加密钻孔注浆。钻孔布置如图6-12。

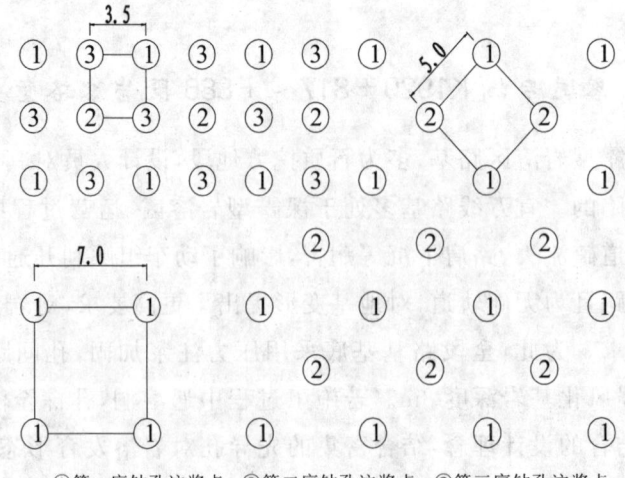

①第一序钻孔注浆点 ②第二序钻孔注浆点 ③第三序钻孔注浆点

图6-12 钻孔注浆平面布置示意图

6.3.3.2 钢筋混凝土桩板结构加固

本工点覆盖土层厚,搅拌桩加固深度仅 10m 多,无法加固到设计深度;CFG 桩无法穿透卵石土层,施工困难;旋喷桩和桩网结构施工困难,不能保证工程质量,解决不了岩溶问题,且工程造价较高。综合考虑施工工艺及运营阶段的可靠度等因素,最终确定采用钢筋混凝土桩板结构形式,桩板结构是一种处理厚覆盖层软土地基或岩溶地基的有效措施,与其他地基处理手段相比,具有施工便捷、沉降变形控制优良、结构安全可靠等优点,在经济方面也具有一定优势。

(1)桩板结构形式。桩板结构路基由桩、承台板、托梁、混凝土底座、道床板、轨道和扣件等组成,似桥跨结构,沿线路纵向设置几跨为一联,跨度可根据需要设置,一般设为 5m、7.5m、10m,桩设置成左右两排,左右桩之间顶部设置横向托梁连接,托梁上部纵向设置承台板,承台板上部设置轨道结构(图 6-13)。

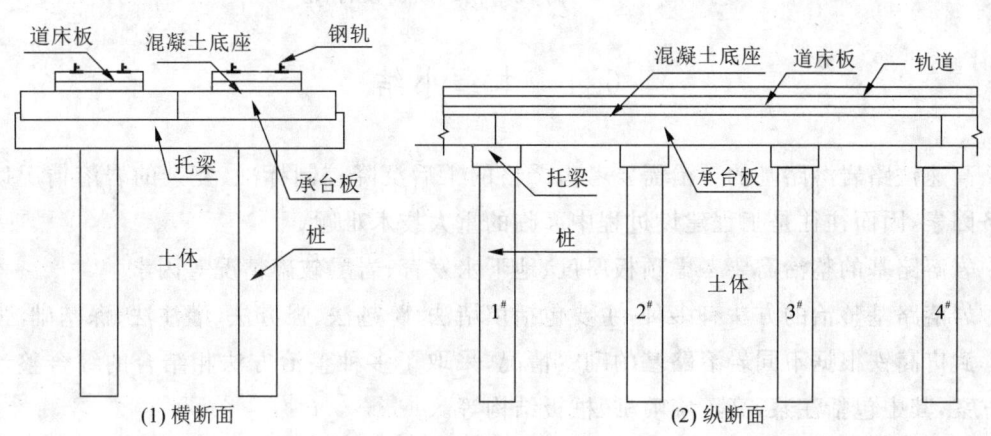

图 6-13 桩板结构示意图

道床板及混凝土底座尺寸由轨道结构形式(双块式、板式或其他)确定;承台板尺寸主要由跨度及左右线间距确定;托梁尺寸主要由左右线间距确定。桩为钢筋混凝土钻孔灌注桩,桩径采用 1m、1.25m 或 1.5m,桩长根据地层情况确定。

(2)桩板结构计算。结构计算考虑了列车及轨道荷载、温度应力、混凝土收缩、桩基不均匀沉降等因素,分别按承台板、托梁、桩体结构进行受力检算。

(3)桩板结构设计图。根据现场地质情况及桥涵结构物情况,进行孔跨布置,本工点共 7 联,其中一联为 $1-7.5+1-10+1-7.5m$,其余 6 联为 $3\times7.5m$,孔跨确定后,根据桩位的地质情况确定每根桩长度,桩长 38~76m(图 6-14)。

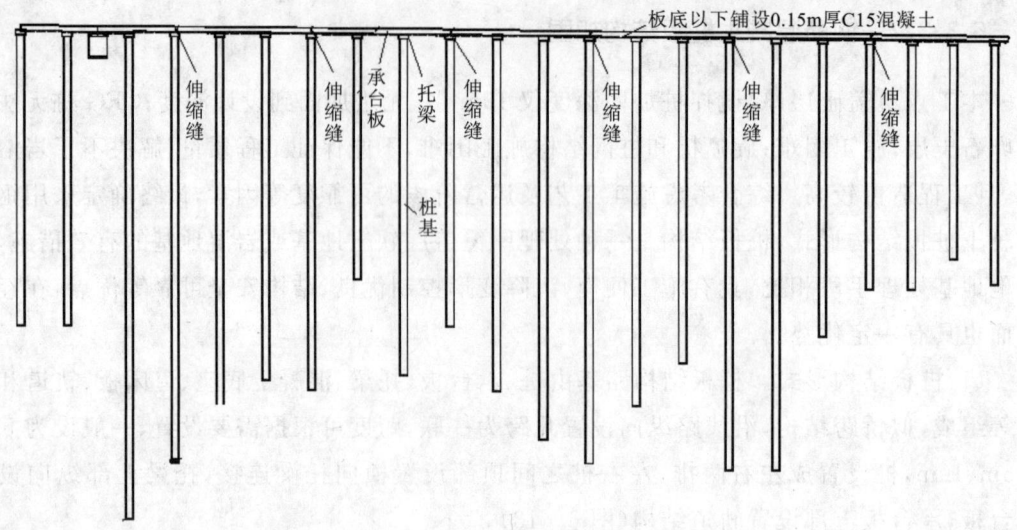

图 6-14 桩板结构纵断面设计图

6.4 本章小结

高速铁路岩溶路基的整治需要考虑严格的工后沉降控制标准、复杂的岩溶情况以及经济因素,因而往往是工程建设过程中面临的重大技术难题。

岩溶路基的整治需要考虑顶板厚度、地下水发育、岩层破碎情况等因素。

岩溶路基整治的方法有多种,主要包括填堵法、跨越法、强夯法、灌注法、深基础法等。

武广高铁根据不同岩溶路基的勘察情况,采取了多种整治方法相结合的综合整治设计方案,其中包括注浆、高压旋喷桩、桩板结构等。

第七章 高速铁路岩溶路基施工

路基施工是高速铁路岩溶路基整治的重要环节,施工质量的好坏往往决定了整治效果,以下将着重介绍武广高速铁路几处岩溶路基整治工点的施工过程。

7.1 武广客运专线新耒阳车站岩溶路基施工过程

新耒阳站工点岩溶注浆加固地区为岩溶发育区,易产生岩溶塌陷及溶洞沟通,致使地表发生变形,且因波动侵蚀产生坍塌。因路基左侧站房钻孔桩成孔强烈冲击,地下水因天气变化的波动作用等影响,在无砟轨道施工完成6个月后,发现K1819+036~+286段出现下沉,经观察此处不稳定,存在继续下沉趋势。故对岩溶地基采取补注浆加固、对地表以下至岩面的软弱层采取旋喷桩加固补强。

7.1.1 工点施工工艺流程

1. 无砟轨道拆除及重做施工工艺

拆除道床板前要先在切割钢轨处打销钉进行锚固。开始拆除时,位于两根轨枕之间道床板钢筋保留至少2m以便搭接。道床板拆除用液压破碎头破碎,运废碴用自卸汽车。

拆除后的路基面可能会出现凹凸不平,用级配碎石进行找平,为新老级配碎石更好的结合,将原填筑级配碎石刨松10cm,再添加新的级配碎石摊平压实。

支承层采用模筑混凝土工艺,控制混凝土配合比,保证混凝土抗压强度在C10~C15之间,弹性模量不超标。根据现有高温天气,支承层混凝土施工完后,按每4m甚至3m及时切缝,将应力释放。

道床板施工前以K1819+186为中心的1.5km范围内重新测定CPⅢ,以新的CPⅢ数据

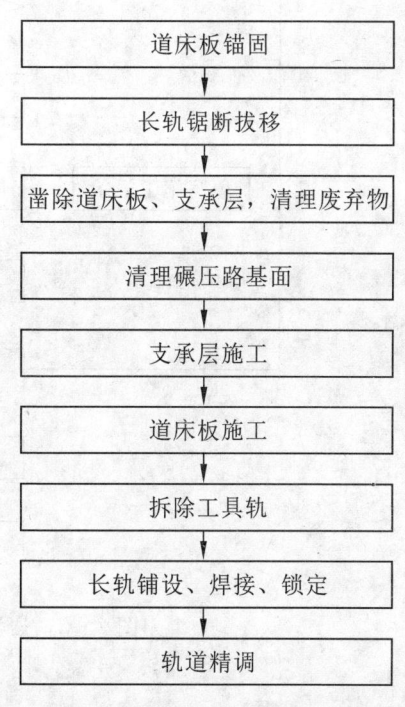

图7-1 道床板施工工艺流程图

进行道床板施工。

道床板施工按散轨枕→绑钢筋→组装轨排→粗调→支模板→精调→浇筑砼→拆除螺杆调节器→拆除工具轨→拆除模板等。所有工序必须按要求施作,确保轨道精度(图7-1)。长轨锁定要注意控制稳定。

2. 岩溶注浆施工技术及工艺流程

岩溶注浆钻孔采用 MJG-100 型地质钻机钻孔,在钻填料层和黏土层时,只加少量水给钻头降温,钻填料层和软塑层时不使用循环水,套管及时跟进。岩溶注浆孔同时作为高压旋喷桩孔,在套管难以拔出的情况下,基岩比较完整地段,套管只下到褥垫层底,采用注浆软管下至孔底 2m 范围内进行注浆,注浆完成后套管不再拔出,注浆加固施工流程如图7-2。在遇溶洞、裂隙发育地段岩溶钻孔严格采用小套管跟进至基岩内 0.3～1m,注浆完成后套管不再拔出,高压旋喷桩另行引孔。

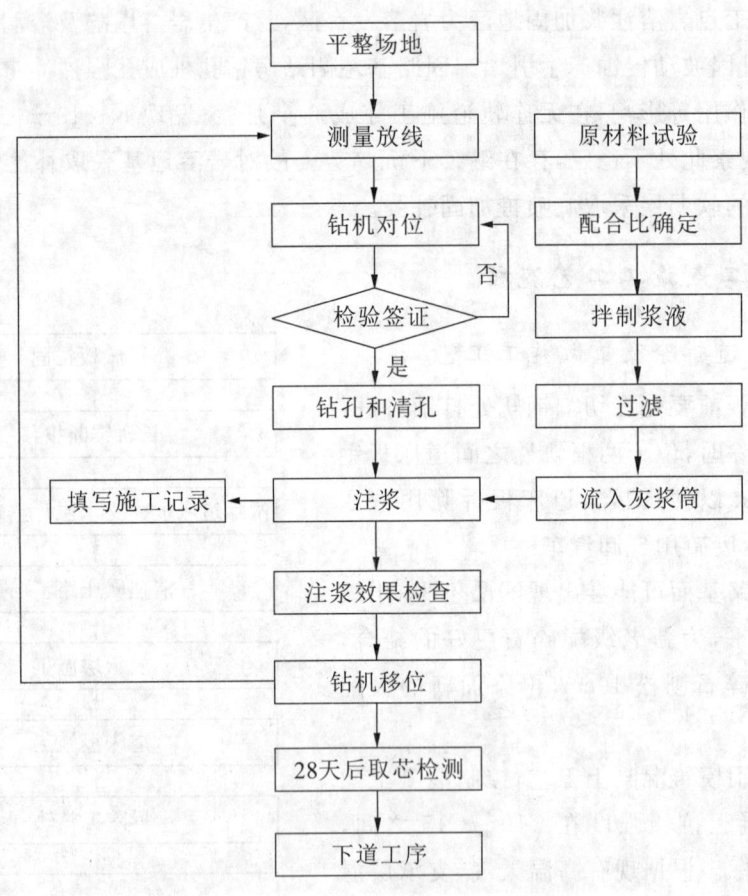

图 7-2　岩溶注浆加固施工技术流程图

3. 高压旋喷桩施工工艺

复核引孔深度、填料底标高→旋喷桩机就位→配制水泥浆→旋喷桩机旋喷旋工→钻头距桩底 2m 时开始送浆→钻头到达桩底(岩面)时脱档原地旋喷 1 分钟→按已定技术参数旋喷提升至褥垫层底标高(浆液的喷射压力为 22~25MPa,与建筑物相邻的桩喷射压力为 10MPa)→将返回的泥浆抽至预定的集浆池→用水灰比 1∶0.8 的水泥浆回灌→成桩→冲洗钻管并移至下一桩位→排浆。施工流程图如图 7-3 所示。

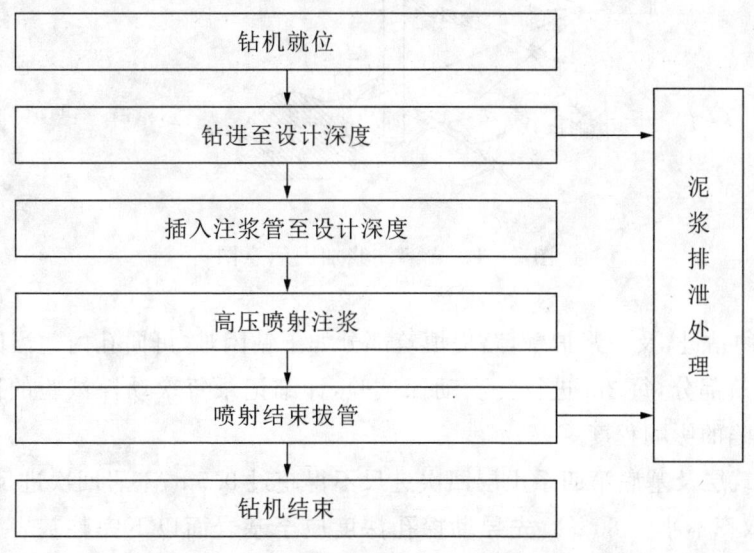

图 7-3 高压旋喷桩施工流程

7.1.2 施工过程控制

1.岩溶注浆过程控制

(1)新耒阳站工点岩溶注浆为路堤地段岩溶加强注浆(图 7-4),依据设计要求布置钻孔,地质钻机成孔,全部钻孔采用套管跟进,回次进尺不小于 0.5m,禁止采用水冲钻进。

(2)岩溶地基处理前,取钻孔总数的 30% 作为先导勘探孔,进一步探明基底岩溶发育情况,以确定合理的地基处理相关参数和施工工艺,注浆过程中注意周围地下水位情况,有异常时及时上报,先导勘探孔资料完成后交设计单位,由设计单位依据岩溶情况,确定相关的注浆深度及范围。先导勘探孔的钻探记录规范、清晰,特别是岩溶发育变化大的地段,要采用有效的钻探工艺,查明溶洞填充情况,勘探完成后绘制钻孔地质柱状图并经监理确认。

(3)先导勘探孔除应满足现行《铁路工程地质钻探规程》有关要求外,还必须满足以下主要技术要求:

a)所有先导勘探孔必须跟管钻进,确保减少填筑部分扰动,采用套管嵌入基岩面 0.3

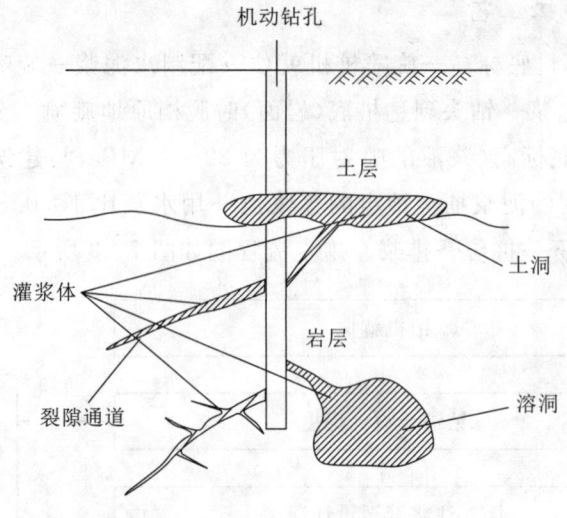

图7-4 岩溶注浆加固示意图

~1m,严禁水冲钻进,及泥浆护壁,路堤填筑部分如干钻困难,可向孔内适当倒水。

b)路堤填筑部分,每2m进行一次动探试验,详细记录每次动探试验的锤击数,以评判填筑层受塌陷的影响程度等。

c)路堤填筑层及基底第四系土层回次进尺不得超过0.5m,基岩回次进尺按0.5~1m控制,岩芯采取率不小于80%。先导勘探孔深度应至基岩面以下完整基岩不少于10m。当见溶洞时,钻孔深应至基岩面以下不少于10m。

d)施工前必须做好变形监测剖面,变形监测剖面每隔30m设置一个,每天必须对正在进行注浆施工相邻不少于50m范围内的所有监测点进行实时监测,监测频率每小时一次。

e)按设计要求或由现场试验确定的配合比配置水泥浆,加固地基前,通过试验确定注浆孔深度、孔距及注浆压力等有关技术参数。注浆水泥采用PO42.5水泥,水玻璃38~43Be,模数2.4~3.0,水泥浆液水灰比为0.8:1~1:1,若遇岩溶通道、较大空洞和裂隙处视具体情况先灌注中粗砂并掺粉煤灰及水玻璃对溶蚀腔体进行填充。注浆压力参数灰岩中为0.1~0.5MPa,岩土界面附近逐步加大至0.5MPa,最大压力不宜超过0.5MPa以上,构筑物周边注浆孔采用0.2MPa低压注浆,其他注浆孔按原应急设计图不变。注浆孔最大压力不宜超过0.5MPa,尤其是雨棚柱基、接触网立柱基础、涵洞及旅客通道等构筑物附近注浆孔的注浆压力必须严格控制,注浆套管嵌入基岩0.3~1m,用水泥浆固结为一体。

(4)注浆结束标准。当注浆达到下列标准之一时,可结束该孔注浆:①注浆孔中压力达到0.5MPa;②单孔注浆量达到平均注浆量1.5~2.0倍,且进浆量明显减少时;③终止注浆压力下注浆流量小于40L/min,维持30min以上。当达不到上述结束标准时,应清孔再次注浆。注浆结束后及时用水泥砂浆封孔。

(5)进行注浆前后钻孔注水试验的单位长度吸水量对比,检查注浆效果,并及时调整材料配比和注浆压力等工艺参数。注浆后,单位长度吸水量应小于注浆前吸水量的3%～5%,且不存在明显漏水现象;钻孔检查,检查孔数为5%,根据取芯浆液充填情况直观判断注浆效果。土层、裂隙岩溶、洞穴等必须干钻取芯,岩芯采取率大于80%,检查孔同时兼补浆孔。做好技术资料和基础数据记录、整理、分析工作。

2. 高压旋喷桩施工过程控制

(1)钻机就位。钻机应垂直于地面且摆放平稳,施工桩位与设计桩位的偏差不得大于50mm。

(2)钻孔。把钻机移至钻孔位置,对准孔位用水平尺掌握机台水平,立轴垂直、垫牢机架、钻机的垂直度满足精度要求,经技术人员检测合格后方可开钻。如发现钻机倾斜,则停机找平后再开钻。采用合金钻头钻进施工,钻孔直径130mm。钻进过程中,遇到异常情况及时与现场技术人员沟通,对地层变化、颗粒大小、硬度等要详细记录。钻孔结束后,由技术人员进行质量检查,合格后方可移位进行下一个孔的钻进。成孔时垂直度偏差不应超过1%,成孔深度以穿过透水层进入强分化层50mm进行控制。引孔必须跟管钻进,严禁水冲钻进,严格控制回次进尺,套管护壁至桩顶位置。施工必须跳桩施工,同时施工相邻桩间距不小于10m。

(3)浆液配制搅拌。新耒阳站工程旋喷桩浆液采用水灰比为0.8～1.5的水泥浆。水泥为新鲜无结块,通过0.08mm方孔筛的筛余量不大于5%,每批次进场水泥必须有生产厂家产品合格证,并根据有关规定进行抽样检验。制浆用水必须保证清洁无污染,符合拌制水工混凝土的要求,且为了防止水泥浆离析,应在灰浆机中不停搅动。为了保证浆液的浓度,应当采用二次搅拌配制浆液,即在搅拌机中按确定的水灰比配制并搅拌水泥浆液。搅拌3～5分钟后放入第二只搅拌桶中使用。禁止采用一只搅拌桶,一边配制浆一边抽浆,否则难以控制浆液水灰比。在实际施工时,可使用比重计随时测量浆液比重(相对密度),水泥浆液比重(相对密度)为1.49。浆液中适当添加早强剂,一般为2%,具体应通过试验室确定。

按设计配比进行浆液搅制,在制浆过程中应随时测量浆液比重(相对密度),每孔高喷灌浆结束后要统计该孔的材料用量。浆液用高速搅拌机搅制,拌制浆液必须连续均匀,搅拌时间不小于30秒,一次搅拌使用时间亦控制在4小时以内。

(4)下喷射管。将喷射台车移至成孔处,先在地面进行浆、气试喷,检查各项工艺参数符合设计要求后将喷射管下至设计深度2m处,经现场质检人员检查认可后方可进行高喷灌浆施工,钻头到达桩底(岩面)时脱档原地旋喷1分钟。喷射过程中如遇特殊情况,如浆压过高或喷嘴堵塞等,应将喷射管提出地面进行处理,处理好后再进行施工。

(5)喷射注浆。为保证加固范围内土体有效切割前,能拌合均匀且使桩径不小于600mm,注浆压力应将桩底3～5m浆液的喷射压力提高到22～25MPa,以上为20MPa,一般在左侧第一排旋喷桩、雨棚柱基础、接触立柱基础、涵洞及旅客通道、挡土墙等构筑物附近的旋喷桩应严格控制旋喷桩上部的施工压力,一般桩顶部3～5m段的施工压力应相对下部的压力减半。旋喷桩施工须跳桩施工,同时施工的相邻桩间距不小于10m。当钻头距桩底2m时开始送浆,钻头到达桩底时应脱档原地旋喷1分钟后,再缓慢提钻。提管速度控制在20～22cm/min,以使土体得到充分切割搅拌。同一桩施工中因故停工时,必须做好接桩措施,一般接桩长度大于1m,冒浆量应小于20%。

(6)喷射提升。当喷射管下至设计深度,开始送入符合要求的浆液,待注入浆液冒出孔口时,按设计的提升方式及提升速度自下而上提升,直至提升到设计的终喷高程,桩顶1m范围内进行复喷,且采用1∶0.8水泥浆回灌,保证成桩质量。

喷射过程中,值班技术人员应随时检查各环节的运行情况,并根据具体情况采取下列措施:

a)接、卸换管要快,防止塌孔和堵嘴。

b)喷射因故障中断,应酌情处理:因机械故障,要尽力缩短中断时间,及早恢复灌浆;如中断时间超过1小时,要采取补救措施;恢复喷射时,喷射管要多下1m,保证凝结体的连续性。

(7)冲洗注浆管路。喷射施工完毕后,应把注浆管等机具设备冲洗干净,管内机内不得残存水泥浆。可把水泥浆换成水,在地面上喷射,以便把泥浆泵、注浆管和软管内的浆液全部排出。

(8)旋喷结束后,用水灰比1∶0.8的水泥浆回灌。

7.1.3 质量控制措施

1. 岩溶注浆控制措施

(1)通过注浆前注水试验,调整材料配比和注浆压力等工艺技术参数。

(2)注浆孔应跳孔施钻,不应全部钻孔完后再注浆,以免孔位串浆,增加难度及清孔工作量。注浆孔施工应自路基坡脚向线路中心的顺序进行,先两侧后中间,保证注浆质量。注浆孔有空洞时灌注中粗砂或水泥砂浆直至溶洞充填后进行注浆,尤其注意最外侧孔位注浆。各桩孔的土层厚度、岩溶发育程度等钻孔情况必须及时做好详细记录。

(3)注浆钻孔孔位移动不宜超过0.5m,开钻前必须保证机身平稳,钻孔偏斜小于1%。

(4)注浆过程中如有跑浆、冒浆,采用水玻璃双液注浆或多次注浆方式,有串孔现象出现,两个孔同时注浆。注浆过程要加强地面观测记录(水平位移、冒浆点的位置、地面沉陷等)。

(5)注浆全过程应做好技术资料和基础数据记录、整理、分析工作。

(6)注浆过程注意环境保护,及时清理浆液污染物。

(7)各孔注浆量依据具体地质情况有较大差异,当连续注浆单孔超过15t水泥不见升压时,应考虑提高浆液浓度、添加粉煤灰或双液注浆。必要时间歇注浆。注浆量过大时,应提请有关"四方会勘",采取适当的工程措施进行处理。

(8)注浆结束后及时采用C15混凝土封填注浆孔饱满至孔口(图7-5)。

第七章 高速铁路岩溶路基施工

图 7-5 注浆施工现场

从取芯情况来看,填土层、基底岩溶注浆所取芯样呈柱状,水泥浆液充填情况良好(图7-6、图7-7)。

图 7-6 填土层取芯图片

图 7-7 基底取芯图片

2. 高压旋喷桩施工控制措施

(1)钻机或旋喷机就位时机座要平稳,立轴或转盘要与孔位对正,倾角与设计误差一般不得大于 0.5°。

(2)旋喷注浆前要检查高压设备和管路系统。设备的压力和排量必须满足设计要求,管路系统的密封圈必须良好,各通道和喷嘴内不得有杂物。

(3)为了加大固结体尺寸,避免深层硬土固结体尺寸减小,现场采用提高旋喷压力、泵量、降低回转与提升速度等措施,或采用复喷工艺等措施:第一次喷射(初喷)时,不注水泥浆液,初喷完毕后,将注浆管边送水边下降至初喷开始的深度,再抽送水泥浆,自下而上进行第一次喷射(复喷)。

(4)在喷射注浆过程中,要观察冒浆的情况,以及时了解土层情况,喷射注浆的大致效果和喷射参数是否合理。采用单管或一重管喷射注浆时,冒浆量小于注浆量20%为正常现象,超过20%或完全不冒浆时,查明原因并采取相应的措施。若系地层中有较大空隙引起的不冒浆,可在浆液中掺加适量速凝剂或增大注浆量,如冒浆过大,可减少注浆量或加快提升和回转速度,也可缩小喷嘴直径,提高喷射压力。

(5)当岩溶注浆孔作为高压旋喷桩孔时,岩溶注浆完成后水泥浆凝固,旋喷桩施工前再用钻机扫孔。

在进行大量旋喷桩的施工前,要对旋喷桩进行试桩试验,按照施工工艺规定,检验完成的旋喷桩的质量是否满足工程设计条件的要求。

2009年8月2日在线路右侧坡脚外进行高压旋喷桩试桩,喷浆压力20~22MPa,钻机转速22~23r/min,钻杆提升速度20~23cm/min。三天后开挖验证桩径,满足设计要求,图7-8为现场检验桩径。对试验的高压旋喷桩取芯11根,从取芯的情况来看,桩身的完整性、连续性均很好,芯样的连续性、完整性较好,在桩身上中下三个部位分别取样做抗压强度试验,强度均大于2.5MPa,满足设计要求。图7-9为旋喷桩的取芯试验。

图7-8 对旋喷桩的周长进行测量

图7-9 旋喷桩的取芯试验

7.2 武广客运专线 K1920+817~+886 段岩溶路基施工过程

7.2.1 工点施工工艺流程

1. 施工方法

采用钻孔注浆的方法,把水泥浆液(可含粗砂、粉煤灰)压入一定范围内的溶洞、岩溶通道、裂隙,将其填充密实,待其凝结硬化后,使岩溶基础整体加固,提高路基承载能力,形成岩层界面处的隔水帷幕。

K1920+817～+886.4段路堑工程钻机钻孔至基岩以下8m。若钻进过程中遇到溶洞,应钻至溶洞底板下1.0m。采用跳孔施钻,以免孔位串浆,注浆按自线路坡脚向线路中心的顺序进行,先两侧后中间,先两端后中间。

对全填充溶洞一般采用单液注浆,对空的岩溶通道、较大溶洞和裂隙处,视其具体情况先灌入中粗砂、碎石和稀的水泥浆对溶蚀腔体进行充填,再进行注浆。

2. 施工工艺

现场注浆具体施工工艺见图7-10所示。

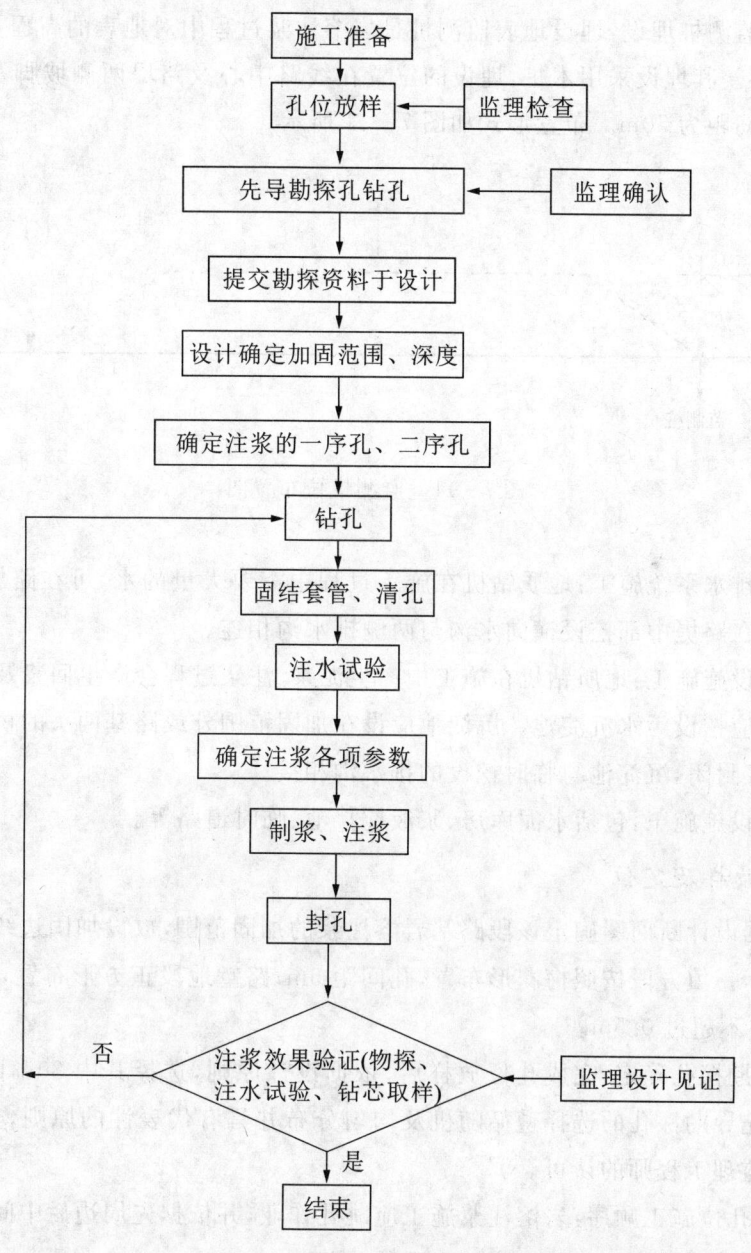

图7-10 施工工艺流程图

7.2.2 施工过程控制

1. 施工准备

岩溶注浆施工准备工作主要内容包括:场地平整、地表监测桩位埋设、临时排水系统施工、环保设施施工、临时设施施工等相关内容。

(1)场地平整:原地面采用推土机粗平、平地机精平进行平整处理,在完成平整后进行碾压,确保原地面的稳定。原地面表面应做成双向排水坡,确保场地内不积水。

(2)地表监测桩埋设:埋设地表监测桩是岩溶注浆过程中对地表的高程及位移状况进行监测的需要。其埋设采用木桩,埋设的位置在线路中心及路堤两侧坡脚及坡脚外10m设一排,纵向间距为50m。布置形式如图7-11所示。

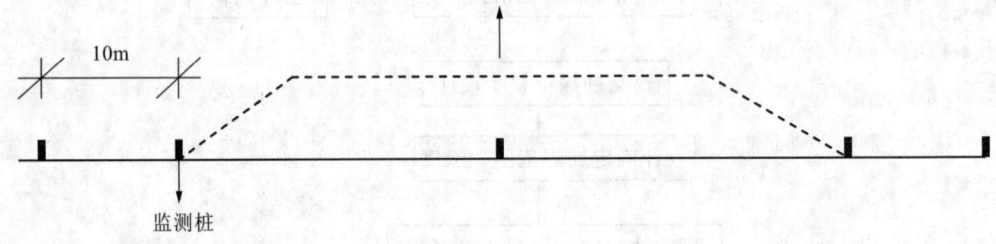

图7-11 监测桩位布置图

(3)临时排水系统施工:地质钻机在施工过程中需要大量的水,可在路堤两侧挖设临时的排水沟,在路堤中部挖设横向水沟与两侧排水沟相连。

(4)环保设施施工:地质钻机在施工中产生泥浆、注浆过程会产生回浆及余浆,为避免污染,施工前应挖设污水沉淀池。沉淀池应设在加固范围外或路基两头的桥梁墩台间,沉淀池采用砂浆封闭,沉淀池与临时挖设的排水沟相接。

(5)临时设施施工:包括水泥库房、浆液搅拌池、临时道路等。

2. 孔位放样及定位

首先根据设计断面图确定该段路基岩溶注浆的加固范围,放设加固边线桩,放设孔位采用木桩标示。填方段按照梅花形布置,孔间距5m;路堑地段正方形布置,孔间距5m或7m,孔位偏差不超过0.5m。

(1)先导勘探孔确定:完成孔位放样后,依据设计原则,选择其中30%的孔位作为先导勘探孔。先导勘探孔的选择遵循随机及均匀分布并具有代表性的原则,先导勘探孔的选择应得到监理工程师的认可。

(2)确定孔位施工顺序:岩溶注浆施工应跳孔作业,并依据先周边后中间的施工顺序。根据这一原则确定一序、二序、三序施工孔位(图7-12)。

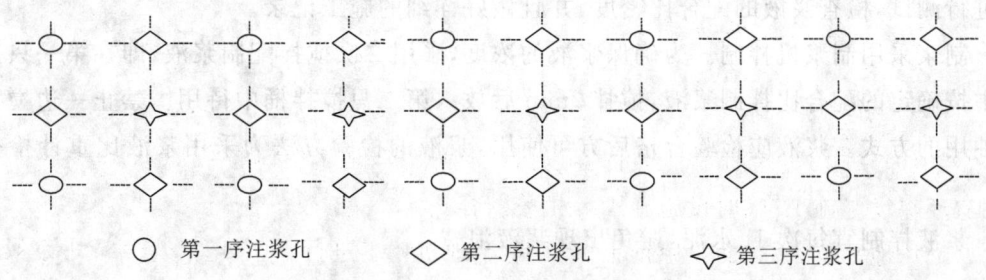

图 7-12 注浆施工顺序示意图

3. 钻孔

钻孔采用地质钻机实施,每台钻机配备 3 人,先导勘探孔在钻孔过程中完整取芯,芯样完好摆放。钻孔过程中按要求做好记录,记录应包括钻孔时间、深度、钻进速度、孔内水位变化、钻进地质描述等。

采用跳孔施钻,施工时首先在两侧进行注浆,然后在中线进行,此时中线钻孔一方面作为两侧注浆效果的检查孔,又作为下道工序的注浆孔。在两侧进行注浆时,也必须采用间隔注浆的方法,以提高注浆的效果。不能全部钻完再注浆,以免引起孔位串浆,增加注浆难度和清孔工作量。

4. 第一次注水试验

依据总孔数 5%的原则,在先导孔中选择注水试验孔实施注水试验。注水试验是对底层的岩溶裂隙发育情况进行判定的重要依据,也是岩溶注浆完成后验证的手段之一。

5. 先导孔资料分析及设计确定

完成先导勘探孔后应及时进行地质情况的分析及上报工作,分析的重点应为线性岩溶率。完成分析工作后,形成报告上报设计单位,报告的内容应包括:孔位平面布置、线性岩溶率分析、钻孔记录、地质柱状图等相关内容。

6. 清孔

完成钻孔后立即安装套管,套管主要起到防止塌孔及限制注浆范围的作用。套管采用钢管,套管深入孔内基岩面以下至少 0.5m,在有效加固段开设注浆孔。

清孔一般采用钻杆注水清孔,但实际施工中,若钻孔较深,土层较厚,泥浆含碎石颗粒沉渣较多,钻杆清孔工效低且效果不理想,通过改进工艺使用直径为 $\phi 50mm$ 的小导管,插入钻孔底部用注浆泵大压力(1~2MPa)、大流量清孔,特别是对岩溶发育部位的充填物清孔比较彻底。改进工艺后,不但保证了清孔质量,而且提高了工作效率。

7. 浆液制作

浆液的配合比按水灰比 0.8:1~1:1,制浆时对材料进行称重,保证单液浆及双液浆的黏度、密度和结石率。浆液的搅拌时间不得少于 60s,使得浆液均匀。使用前用比重计进行测试,检查浆液的配合比密度,并且做好详细的施工记录。

制浆采用制浆机拌制。为确保浆液的浓度,采用二次搅拌配制浆液,即在第一只搅拌桶中按确定的配合比拌制浆液,搅拌 2min 后放入第二只搅拌桶中待用。禁止一边搅拌一边抽用的方式。浆液应检验合格后方可使用,浆液的检验方法为采用浆液比重计检查密度。

浆液拌制宜每次 1t 水泥,避免出现浆液浪费。

8. 注浆

钻孔清洗达到要求后,正式注浆前,首先要用 1.2~1.5 倍的注浆终孔压力对整个注浆管路系统进行耐压试验,检查孔口套管固结密封程度,耐压试验持续时间不应少于 15min,无渗漏时才能进行钻孔注浆施工。

注浆时采用套管护壁,上行式注浆。导入 50mm 注浆管,距孔底 30cm 开始注浆,当压力达到 0.1~0.3MPa 稳定后并突然超过 0.3MPa 停止注浆并开始提管,在基岩中提管两至三次,提管达到基岩面时,当压力达到 0.3~0.5MPa 稳定后并突然超过 0.5MPa 时再次提管,开始注浆上部帷幕,当压力达到 0.3~0.5MPa 稳定 30min 且吸浆不大于 40L/min 后或冒浆点超出注浆范围外 3~5m 时即可停止注浆。

注浆过程中时刻观察压力的变化和吸浆量的增减,随时做好记录,在浆液控制上,浆液的浓度由稀到浓,压力由低到高,浆液胶结时间由长到短,这样可以使浆液扩散距离远,保证注浆质量。在注浆压力与吸浆量控制上,视具体情况作出相应对策,一般情况下,当注浆压力保持不变且吸浆量均匀减少时,或吸浆量不变且压力均匀升高时,注浆工作要持续下去,不要改变浆液的水灰比。

在使用双液浆注浆时,控制 2 种浆液的比例相当重要,水泥和水玻璃浆液连续注浆 20min 后,压力还不上升,就要采用提高浆液的浓度或者调整 2 种材料的体积比例、缩短凝结时间等办法来控制水泥用量。

7.2.3 关键工序及质量控制措施

7.2.3.1 先导孔施工及资料分析、应用

先导孔施工过程必须全过程取芯并完好摆放,先导孔钻孔过程中应重点观察孔内水位变化情况,通过水位变化初步判定岩溶裂隙发育情况。先导孔资料分析的重点主要就是线性岩溶率及裂隙初步判定,本段路基线性岩溶率计算、分析见表 7-1。

表 7-1 路基线性岩溶率计算分析表

里程段落	入基岩总长度(m)	溶洞长度(m)	线性岩溶率	备注
K1920+817~+886.4	115.98	4.68	4	符合设计

自钻孔记录分析：K1920+817～+886.4段钻孔过程渗漏水情况严重，可以初步判定该段基岩裂隙发育，建议注浆采用单液与双液配合使用。

7.2.3.2 第一次注水试验及资料分析、应用

注水试验是对底层的岩溶裂隙发育情况进行判定的重要依据，其试验的过程原理如下。

注水试验采用开放式注水试验（图7-13）。通过单位长度的吸水量对比验证注浆加固的效果。公式如下：

$$q_0 = \frac{Q}{H \times L}$$

其中：q_0——单位长度吸水量；

Q——时间段内的注水量；

H——水位差；

L——入基岩长度。

K1920+817～+886.4段注水试验见表7-2。

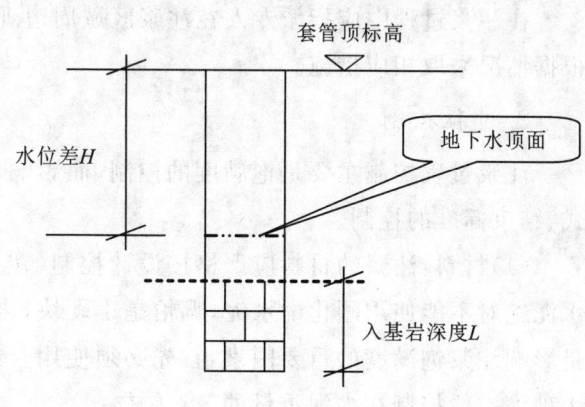

图7-13 注水试验示意图

表7-2 K1920+817～+886.4段注水试验结果一览表

项　目	1-1#孔	9-3#孔	备　注
孔口标高(m)	259.53	261.76	
地下水位标高(m)	255.33	252.14	
试验段长度(m)	8.05	12.05	
水头差(m)	4.2	9.62	
流量(L/min)	55	162.5	
单位吸水率(L/m·m)	1.63	1.4	

7.2.3.3 注浆范围及过程控制

注浆是岩溶注浆加固工程的关键所在。控制的重点主要有注浆的范围、注浆的饱满度。

1. 注浆范围控制

先导孔所揭示的地质是注浆范围确定的前提依据，确定注浆范围的主要条件有：岩土

界面的位置；设计要求加固的深度及边线；先导孔揭示的裂隙发育及线性岩溶率。

由于岩溶发育区岩土界面起伏很大，在短距离内界面都可能发生很大的变化，因此必须严格按照设计要求钻孔至界面以下5m或8m（根据设计确定），不能单纯根据设计断面钻孔深度来确定加固范围。

先导孔所揭示的裂隙发育及线性岩溶率是确定注浆范围的重要条件，以上两段路基线性岩溶率都基本与设计相符，可以按设计实施加固施工。

在注浆过程中应指派专人在注浆区域周边观察，发现浆液超过注浆范围应立即停止，根据情况采取相应措施。

2. 过程控制

注浆过程控制主要是饱满度的控制，而影响注浆饱满度的因素主要有材料、压力、方式、结束标准的控制。

（1）材料：注浆的材料应严格按设计控制，在进场前必须进行检测，合格后方可使用。水泥绝对不能使用硬化的水泥，哪怕是小硬块，以免注浆过程堵塞基岩中小裂隙；水玻璃是影响注浆饱满度的重要因素，首先必须使用合格的水玻璃，特别要控制水玻璃的掺量，水玻璃一般控制在水泥重量的8%左右。

材料的选用还应结合先导孔资料及注水试验结果合理选择。

K1920+817～+886.4段经过先导孔资料及注水试验情况分析，其线性岩溶率并不是很大，但裂隙发育，因此选用1:1水泥浆液，注浆过程配合使用水玻璃。本段溶洞情况并不是特别发育，回填采用粉煤灰。

（2）压力：注浆压力对注浆饱满度有关键的作用。注浆的压力绝对不能小于设计压力，但要根据现场实际情况调整，当裂隙发育时其压力最好大于设计要求。当采用较浓的浆液注浆时应采用较设计大0.1～0.3MPa左右的注浆压力；当采用较稀的浆液注浆时按设计压力实施注浆。

（3）注浆方式：岩溶注浆一般有两种注浆方式，即分段提管注浆、一次性注浆。我们在工地现场进行了相关试验工作。分段提管注浆是根据设计要求分段实施不同压力的注浆方式，这种方式可有效实施压力控制，并能针对不同的岩层、岩土界面处实施有效注浆。一次性注浆经工艺原理分析可以满足要求，但通过试验发现，一次性不提管注浆在控制不同要求的注浆段落时存在不足，而且注浆的压力损失无法准确判定、控制，故未采用这样的方式。

分段提管注浆一般在基岩中提管2～3次，在土层帷幕1次，注浆点分别处于基岩、岩土界面、土层帷幕，这样设计所要求的注浆重点均能覆盖。注浆点的每次注浆均按照设计所要求的停止注浆条件实施。在提管过程中，为有效减少孔内压力损失，在提管后的注浆应采用设计压力的上限即0.5MPa以上。

（4）结束标准的控制：停止注浆条件的判定是岩溶注浆施工中十分关键的环节。判定的主要依据应遵循设计思想。停止注浆条件主要有：a）压力维持在0.3～0.5MPa，并且达到30min以上,且每分钟的吸浆量不大于40L/min时可停止注浆;b)冒浆点已超出注浆范围3~5m时;c)单孔的注浆量已超过平均注浆量的1.5倍以上时;d)注浆孔基岩完整,或多次注浆,孔口压力超过1.5MPa时。

以上条件之一满足即可停止注浆,但在进行判定时还应根据地质钻孔记录、注浆方式等多种因素综合判定。

a)压力维持在0.3~0.5MPa,并且达到30min以上,吸浆量不大于40L/min时可停止注浆的判定及注意事项

该条件是判定停止注浆使用较多的标准,在判定时应随时记录好注浆压力及注浆流量。但是当注浆点仍在基岩中时,出现以上情况仍应继续提管,直至分段提管至加固范围顶部。

b)冒浆点已超出注浆范围3~5m时的判定及注意事项

该条件是现场出现较多的情况,但应结合压力及其裂隙发育情况综合判定。当注浆时间短而且无压力值时应采用间歇注浆或双液注浆的方式进行注浆,直至满足压力及吸浆量条件。如果岩溶裂隙发育,与地面存在连通情况时必须采用双液注浆。

c)单孔的注浆量已超过平均注浆量的1.5倍以上时的判定及注意事项

本条件我们在施工过程中基本不采用,因为岩溶发育区地质情况异常复杂,即使在短短的几十米路基工点,其岩层界面、裂隙发育都有可能变化很大。

d)注浆孔基岩完整,或多次注浆,孔口压力超过1.5MPa的判定及注意事项

该条件是实际施工过程中出现较多的情况,但必须充分与注水试验情况、注浆的位置相结合综合分析。

7.2.3.4　施工中相关问题及采取的主要措施

岩溶注浆施工过程中主要有如下困难或问题:溶洞处理、串孔、压力迟迟不上升、孔口冒浆、浆液扩散范围控制。依据相应的情况,我们分别采取了相关措施。

1. 溶洞处理

以上两段路基均有溶洞,溶洞如单纯实施压浆会使注浆数量大幅度增加而造成浪费。根据溶洞大小及情况,我们采取了不同的处理方法。

高度大于1m的溶洞,主要采用回填砂、粉煤灰并间歇注浆的方式处理。回填采用人工实施,首批回填应控制在1/3以内(用测绳测量深度,否则造成堵管),之后用无压力水泥浆液冲散,再行回填。回填至溶洞顶50cm左右停止回填,确保注浆管能进入注浆范围(图7-14)。

完成回填后应采取水泥浆液先行注浆,当压力不能上升时采用双液注浆。

对高度小于1m溶洞,当在一定范围内封闭时可直接注水泥浆液。当溶洞不是封闭溶洞时,应采取双液注浆,直至压力上升,加固范围内溶洞填塞完全。

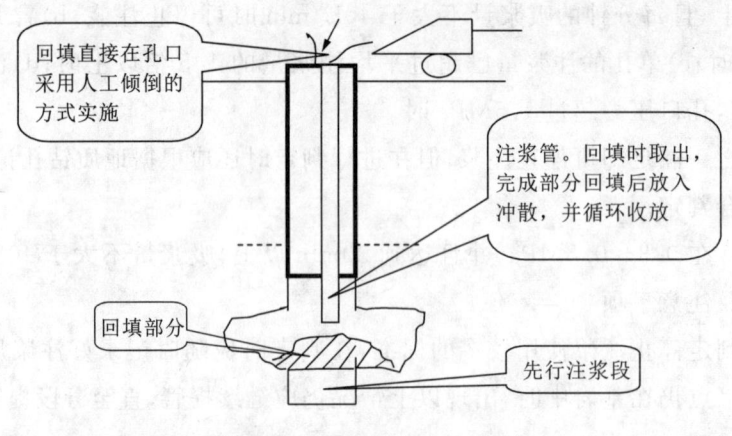

图 7-14 回填施工示意图

2. 孔口冒浆

施工中出现了注浆过程在注浆孔口冒浆现象。产生的原因主要有：岩层破碎、裂隙发育、注浆段位置较浅、注浆压力过大等。为了防止注浆液体沿套管护壁冒出，影响注浆质量，施工时对套管进行二次固结。具体做法有：在管口周围下挖地表土 0.2~0.35m，直径为 ϕ1m 左右（视土体结构确定），采用 M7.5 水泥砂浆加入水玻璃进行管口固结。通过施工验证，效果良好。

3. 串浆

串浆产生的主要原因有岩溶发育、存在相连裂隙、溶洞过大等。其处理方式主要有：

(1) 串孔处理可以直接封闭被串孔孔口，然后对注浆孔连续注浆，注浆结束后及时对串孔进行扫孔，然后再注；

(2) 可对第一序孔进行跳孔注浆；

(3) 适当延长相邻两孔施工间隔时间；

(4) 如串浆孔为待注孔，可同时实施并联注浆；如串浆孔正在钻孔，应停止钻孔并采用止浆塞封闭，待完成注浆孔注浆后恢复钻孔。

4. 浆液扩散过远及压力值不上升

当浆液注浆量大，压力迟迟达不到要求而不能满足停止注浆条件时，应首先分析钻孔记录，是否钻孔过程有溶洞；然后检查其他孔是否有串孔现象，如果以上情况都没有，则可以判定浆液扩散过远。

这时主要采用限流、增加间隙时间注浆或改变浆液配合比等办法。

当注浆量已经超过平均每孔注浆数量但压力值迟迟不上升时，其原因主要为裂隙极其发育，且与线路外裂隙连通。这时主要采用双液注浆及间歇注浆结合的方式处理。

第七章 高速铁路岩溶路基施工

图 7-17　钻孔芯样

- 注浆孔施钻过程中,循环水不能翻出孔口时,宜选择较浓浆液;
- 在注浆孔揭露较大的空溶洞需填充粗骨料时,宜选择浓浆液;
- 当同一注浆孔需间歇反复注浆时,宜采用稀、浓浆液交替变换注浆。

注浆范围为岩层分界线上下各 5m,因垮孔而跟进多层护壁管时应采用分段注浆;注浆完成一段,方可拔管一层。注浆孔揭露较大的空溶洞、经自流注浆确定需间歇反复注浆时,可投入砂砾石适当抬高孔底(切不可将孔塞死),一次连续投砾不得超过 $2m^3$;重复注浆投砾过程,直至浆液面到达孔口附近;然后进行加压注浆。注浆压力以孔口管上压力表读数为准。注浆压力为零,可视为自流注浆。对溶洞内有充填物的注浆孔或者对注浆质量怀疑的注浆孔在注浆完成 1~2h 后采用钻机进行清孔再注浆,确保浆液已至溶洞下限或满足设计注浆量和注浆结束条件。

为了保证注浆施工作业顺利进行和保证施工质量、安全,在注浆段前 5m 须加强路堑坡面防护。注浆顺序原则上遵循着"先外后内""跳孔注浆""由疏到密"的原则。注浆施工由外侧开始注浆,最外层注浆结束后再注内侧一环。跳孔进行注浆施工,开始时注浆的浆液浓度要低一些,逐渐加浓至设计浓度。通过此种注浆顺序安排,有利于注浆施工的浆液在设计加固范围内的扩散,先注浆的浆体成为后注浆浆体的约束,而后注入浆液对先前施工的浆体起到增加密度和填补注浆空白区的作用,以利于达到防渗与加固的施工设计要求。拌浆时严禁纸屑等杂物混入浆液,拌好的浆液要经过过滤,未经过过滤的浆液严禁进入泵体,以防堵塞。注浆过程中,要时刻注意泵口及孔口的压力变化情况,发现问题及时处理。注浆过程中,如发现孔口及工作面漏浆,要采取封堵,缩短凝胶时间及采用间歇注浆方式。做好钻孔、注浆记录,为分析注浆效果提供依据。注浆结束后,要彻底清洗泵体和管路,以保证下次注浆顺利进行。

(7)注浆终注条件。注浆压力表不小于 0.2MPa,10min 持续注浆量小于 1L/min;或压密注浆孔口注浆压力不小于 0.5MPa 时可终止注浆。注浆过程中,重点控制压力并加强巡视,避免污染环境(如水源、农田等)、周围地表和地下水露头的变化,如发现异常情况时,必须立即采取相应的措施;对非正常结束的注浆孔,在附近重做;施工中注意在后续孔的钻探,以揭示邻孔的注浆充填情况,从而判断得出浆液的扩散半径。

(8)封孔。注浆结束后,经质检工程师检查,通知监理工程师检查确认终孔条件。卸下法兰盘,拔出套管,回填 M7.5 水泥砂浆封孔,捣鼓密实,并做好孔口标记。

(9)施工注意事项。

a)施工前须进行水质取样化验分析,以确定其工程特性。

b)钻孔终孔直径不得小于 91mm,钻至设计深度后,埋入注浆管,管外孔口段用水泥浆加速凝剂凝固,待达到强度后,实施注浆。

c)在钻孔过程中土层和岩溶发育破碎带可采用跟管干钻,钻至岩层后可采用饱和水钻进,严禁使用泥浆钻、大水冲水钻进。

d)注浆工作必须连续进行,若因故中断,应及早采取处理措施,尽快恢复。

出现下列情况之一时,需间歇反复注浆。

- 注浆孔揭露较大的溶洞,自流注浓浆 $2m^3$ 后,孔内浆液面没有明显提升。
- 浆液漏失严重,依次连续注浆 $2m^3$ 后,孔内浆液面仍没有明显抬升。
- 注浆压力突然降低或速率突然升高。
- 注浆环境发生异常情况。

e)注浆钻孔也是岩溶勘探的验证孔,要求采用取芯钻探,并做好钻探岩芯记录和描述。

f)施工中如勘探设计资料与实际情况有较大出入时,应及时通知有关设计单位。

g)岩溶注浆施工时,及时绘制地质柱状图,在一段注浆完毕后,分段落绘制此段的实际地质剖面图,以作为后续工程施工(核对地质情况)的依据。

7.3.3 质量控制措施

(1)严格分段落岩溶整治技术交底、工艺操作培训,确实将设计意图和质量标准要求贯彻到操作层。

(2)实行技术员和质检员分段包保,将技术和质检人员的工资收入、技术职称升迁与现场质量挂钩,做到施工全程有监控。

(3)不同岩溶类型整治前必须进行工艺试验,与现场设计院配施人员和监理工程师共同确定此段落施工参数。

(4)布孔、钻进、注浆等重要工序由专业人员盯控和记录,并由监理工程师旁站检查。

(5)注浆效果检查必须由设计院配施人员和监理工程师共同见证。

(6)整段落岩溶整治结束后委托第三方进行综合物探检测,以取芯验证和高密度电法为主,高密度电法纵向测线数量不小于4条。

7.4 本章小结

岩溶路基施工有着严格的施工过程控制和质量控制措施,其对岩溶路基整治效果有着重要的影响,应当引起足够重视。

注浆施工过程主要包括先导孔勘探、水泥浆液配比、注浆、效果检查等,其中结束注浆的标准有多种,可视实际工况而定。

高压旋喷桩施工过程主要有钻机就位、钻孔、浆液搅拌、下喷射管、喷射注浆、喷射提升、冲洗喷射管路。其中桩顶1m范围内进行复喷,且采用1∶0.8水泥浆回灌,保证成桩质量。

第八章 高速铁路岩溶路基整治效果检测及运营评价

本章以武广客运专线为例,说明岩溶路基整治效果检测的方法以及整治完成线路运营评价的方法。

8.1 武广客运专线岩溶路基处理质量验收标准

武广客运专线是我国第一条正式建设实施的长大高速铁路干线,在建设过程中主要执行《客运专线铁路路基工程施工质量验收暂行标准》(铁建设[2005]160号)(注:2010年12月8日颁布《高速铁路路基工程施工质量验收标准》(TB10751-2010)后该标准同时废止)。该暂行标准对换填、固结排水、强夯、各类复合地基、混凝土灌注桩等进行了详细规定,涉及岩溶路基处理的仅有"洞穴处理"一节,未对全线广泛采用注浆加固等作详细规定。为确保高速铁路注浆施工质量,质量检查与竣工验收主要依据中国有色金属工业总公司、中华人民共和国冶金工业部颁布的《注浆技术规程》(YSJ 211-92),重点采用压水试验、钻孔取芯等方法检查施工质量,同时组织了物探方法检查方法的实验研究。

每个段落施工完成后均应进行质量检查,分为施工单位自检及监理单位抽检和第三方检查,合格后方可转入后续工程施工。

1. 施工单位自检及监理单位抽检

在分段施工结束后,应按注浆孔数的3%布置检查孔,且每个整治段落不得少于3孔。检查孔位于注浆孔中间,当满足下列条件之一时,报监理单位确认后,可转入下一段落的注浆施工。

(1)检查孔岩芯可见多处水泥结石体,基本填满可注缝隙。

(2)检查孔的单位吃浆量不超过周围4孔单位平均吃浆量的15%。

2. 第三方检测单位检验

第三方检测单位应采用物探法(瞬态面波法、电测深法)、钻孔取芯和压水试验进行综合分析,要求如下。

(1)采用瞬态面波法检测,要求检测总点数为注浆总孔数的5%且每段不少于10个点。电测深检查测线长度为整治段落线路长度的10%,优先选取岩溶形态强烈发育地段布置,测线位置宜与整治前的测线重合。钻孔取芯及压水试验孔数为注浆孔总数的2%。

(2)第三方检测宜采用瞬态面波法与电测深法时,合格判释标准除参考《客运专线铁路路基工程施工质量验收暂行标准》(铁建设[2005]160号)第4.20条外,还应该在全线选取代表性试验段进行检测和进行必要的试验验证。通过试验段初步建立的检测标准报建设单位组织专家审查通过后方可正式采用。

(3)当瞬态面波法、电测深法、钻孔取芯和压水试验同时满足以下标准时,可认为质量合格;当以上几种检测手段不能同时满足要求时,应根据实际情况进行综合分析是否合格。要求所有单元质量100%合格,否则应采取补充加强措施。

瞬态面波法:采用试验段审查通过的波速标准。

电测深法:进行注浆前后物探异常对比测试,检测段落整治范围内无明显异常。

钻孔取芯和压水试验:①检查孔岩芯可见多处水泥结石体,基本填满可见缝隙;②当未见结石体时应进行压水试验,透水率值小于施工前的1/10;为方便实施也可采用根据试验段确定的透水率绝对值,不宜大于47Lu(吕荣)。

8.2 武广客运专线岩溶路基处理检测

8.2.1 武广客运专线新耒阳车站岩溶路基处理检测

为保证新耒阳车站岩溶路基处理工程质量,进行了注水试验、钻孔取样、地质雷达检测方法,检测施工效果情况。

1. 注水试验

岩溶注浆结束后,注水在成片注浆初凝后于注浆孔间布置5%~10%质量检查孔;现场总共布置注水孔174个,达到10%检测孔间布置要求;进行两次注浆检测,中间间隔30天,第一次注水试验单位吸水率0.28%~0.3%,第二次注水试验0.19%~0.22%,无明显渗漏现象,判定注浆效果良好,满足设计要求。

2. 钻孔取样

(1)高压旋喷桩试桩。在K1819+136线路右侧坡脚外进行高压旋喷桩试桩,深度8.7m,喷浆压力20~22MPa,钻机转速22~23r/min,钻杆提升速度20~23cm/min。三天后开挖验证桩径,满足设计要求(图8-1)。

(2)高压旋喷桩钻孔取样。对成桩后的高压旋喷桩取芯验证,芯样连续性完整性较好,在桩身上中下三个部位分别取样做抗压强度试验,强度均大于2.5MPa,满足设计要求(图7-9)。

F36-5水泥土芯样多呈长柱状,少量短柱状,成分主要为水泥浆胶结物,其中芯样大于0.5m的2段,在0.5~0.2m的17段,0.2~0.1m的29段,小于0.1m的50段,芯样颜

图 8-1 高压旋喷桩试桩

色均匀、基本连续、完整性较好、强度较高,桩底与岩面结合较好。F59-8水泥土芯样多呈长柱状,少量短柱状,成分主要为水泥浆胶结物,其中芯样在 0.5～0.2m 的 18 段,0.2～0.1m 的 31 段,小于 0.1m 的 51 段。芯样颜色均匀、连续完整性较好、强度较高,桩底与岩面结合较好。

(3)岩溶注浆钻孔取样。钻孔取样占5%的检查孔,从取芯情况来看,从填土层、基底岩溶注浆所取芯样呈柱状,水泥浆液充填情况良好(图7-6、图7-7)。

(4)地质雷达检测。委托中南大学土木工程检测中心对新耒阳车站路基处理进行地质雷达勘察,依据《铁路工程水文地质勘察规程》《铁路工程物理勘探规程》和《铁路隧道超前地质预报技术指南》检测标准,测线测点依据现场条件合理布置。

对新耒阳车站分12段检测,每段路基分布左中右三条检测线路,数据分析得出电磁波同相轴清晰连续,无明显错乱扰动现象,地质解释为节理裂隙稍发育,无明显岩溶发育段。通过详尽的岩溶地质普查工作,结合现场收集的地质资料,得出路基底部20m深度范围内的岩溶处于不发育的结论。

通过以上检测方法,新耒阳车站岩溶路基处理工程效果满足设计要求。

8.2.2 武广客运专线K1920+817～+886段岩溶路基检测

注浆效果的验证主要有:注水试验的对比、物探、钻孔取样。

1. 注水试验对比

注浆完成后,过了半个月我们进行了第二次注水试验。本次注水试验结合钻孔取芯同步实施,钻孔的孔位选择于前次注水试验孔的附近,结果见表8-1。

表 8-1　K1920+817~+886 段第二次注水试验结果表

项　目	1-1# 孔附近	9-3# 孔附近	备　注
孔口标高(m)	259.53	261.76	
地下水位标高(m)	251.02	251.3	
试验段长度(m)	8.15	12.2	
水头差(m)	8.5	10.46	
流　量(L/min)	2.07	3.6	
单位吸水率(L/m·m)	0.03	0.028	

设计规定:注浆后单位长度吸水量小于注浆前的 3‰~5‰。与第一次对比分别为:1-1# 孔附近:1.8‰;9-3# 孔附近:2‰(第二次比第一次单位吸水量)。而且在注水试验过程中无漏水现象的发生。可以初步判定本段注浆效果良好。

2. 物探检测

主要采用了瑞雷波检测的方式对岩溶路基进行了物探检测。

瑞雷波检测主要利用了瑞雷波的两种特性:一是瑞雷波在分层介质中传播时的频散特性;二是瑞雷波传播速度与介质的物理力学性质的密切相关性。面波检测主要是依据每一注浆点注浆后的面波速度大小和面波频散曲线离散特征分析对注浆质量进行评价。

根据解释结果分析和统计,结合面波频散曲线,对于 K1920+817~+886 段为开挖的路堑,注浆效果分三个评价标准,见表 8-2。

表 8-2　瑞雷波检测标准一览表

面波频散曲线形态	土层面波速度(m/s)	基岩面波速度(m/s)	注浆效果评价
曲线光滑上升、无回折、不离散		<350	差
曲线光滑上升、无回折、不离散		350~520	好
曲线光滑上升、无回折、不离散		>520	良好

检测结果见表 8-3。

经过检测,所有检测的注浆孔,注浆效果都达到好或良好。

3. 钻孔取芯

钻孔取芯是直接采用观察的方式对注浆效果实施评估的手段之一,我们对以上两段结合第二次注水试验实施了钻孔取芯,位置分别为:K1920+817~+886 段:K1920+817 右 9m,K1920+872 左 4.5m,所取出的芯样浆液充满,达到加固效果。

表 8-3　K1920+817~+886 段面波检测结果

压浆孔号	频散曲线形态	注浆后面波速度(m/s)		效果
		覆盖层	基岩	
1-1	曲线光滑上升、无回折、不离散		>520	良好
1-2	曲线光滑上升、无回折、不离散		350~520	好
1-3	曲线光滑上升、无回折、不离散		>520	良好
2-1	曲线光滑上升、无回折、不离散		>520	良好
2-2	曲线光滑上升、无回折、不离散		350~520	好
2-3	曲线光滑上升、小回折、不离散		350~520	好
3-1	曲线光滑上升、无回折、不离散		>520	良好
3-2	曲线光滑上升、无回折、不离散		>520	良好
3-3	曲线光滑上升、无回折、不离散		>520	良好
4-1	曲线光滑上升、无回折、不离散		>520	良好
4-2	曲线光滑上升、无回折、不离散		>520	良好
4-3	曲线光滑上升、无回折、不离散		>520	良好
5-1	曲线光滑上升、无回折、不离散		>520	良好
5-2	曲线光滑上升、无回折、不离散		>520	良好
5-3	曲线光滑上升、无回折、不离散		>520	良好
6-1	曲线光滑上升、无回折、不离散		>520	良好
6-2	曲线光滑上升、无回折、不离散		>520	良好
6-3	曲线光滑上升、小回折、不离散		350~520	好
7-1	曲线光滑上升、无回折、不离散		>520	良好
7-2	曲线光滑上升、无回折、不离散		>520	良好
7-3	曲线光滑上升、无回折、不离散		>520	良好
8-1	曲线光滑上升、无回折、不离散		>520	良好
8-2	曲线光滑上升、无回折、不离散		>520	良好
8-3	曲线光滑上升、无回折、不离散		>520	良好
9-1	曲线光滑上升、无回折、不离散		>520	良好
9-2	曲线光滑上升、无回折、不离散		350~520	好
9-3	曲线光滑上升、无回折、不离散		>520	良好
10-1	曲线光滑上升、无回折、不离散		350~520	好
10-2	曲线光滑上升、无回折、不离散		>520	良好
10-3	曲线光滑上升、无回折、不离散		>520	良好
11-1	曲线光滑上升、无回折、不离散		>520	良好
11-2	曲线光滑上升、无回折、不离散		350~520	好

注:测线按孔位线路向逐点布置

综合以上的检测,该段岩溶注浆效果良好,满足设计要求。

8.2.3 武广客运专线 K2107+206~+406 段岩溶路基检测

1. 整治效果自检和监理检查验收标准

K2107+206~+406 段路基岩溶整治结束后,为了了解施工质量,进行注浆效果检查,在成片注浆初凝后于注浆孔间布置 5%~10% 质量检查孔,保证每个注浆工点不少于 2 孔。

当满足下列条件之一时,可以判断注浆施工质量符合要求:

(1)检查孔岩芯可见多处水泥块,基本填满可见缝隙。

(2)压水试验测定的渗透系数小于注浆施工前的 1/10。

(3)检查孔的单位吃浆量不超过周围孔吃浆量的 15%。

2. 岩溶整治效果自检和监理检查验收

注浆后通过水压试验、钻芯、物探法检测处理效果。

(1)注水试验:在注水试验前,量测孔内稳定水位后,进行孔内定量注水,观测单位长度吸水量变化幅度,注浆后试验的单位长度吸水量为注浆前工艺试验吸水量的 1/18,满足判定条件达到注浆效果。

(2)钻孔检查:检查孔数为 5%,根据取芯浆液充填情况直观判断注浆效果。现场注浆效果取芯检查芯样见图 8-2。

通过检查孔芯样可发现,土层质地密实,挤密作用明显、岩层取芯破裂处已由水泥结块填充,注浆效果明显。

(3)综合物探检测:遵循《铁路工程物理勘探规程》(TB10013-2004),采用高密度电法实施物探检测。

高密度电法的工作原理是在常规电测深和电剖面装置原理的基础上,运用程控高密度转换器,沿剖面纵向、横向上进行电法高效率的分层数据采集,并且通过系统化、规范化的高密度电阻率成像系统(geopen)和图示系统(2DRev)数据处理软件,实现由实测数据对整个断面进行反演电阻率成像。

高密度电法勘察采用中装集团重庆地质仪器厂生产的 DUK-2 高密度电法测量系统(图 8-3)。其主要性能如下:电压测量精度±1%;电流测量精度±1%;输入阻抗≥50MΩ;50Hz 工频压制≥80dB。

测线布设:测线沿铁路布设,每一里程段平行布设四条测线,分别位于两边的路肩和边沟,测点极距不大于 5m,并在原测线上进行两个深度的联合剖面探测,联合剖面间距不大于 5m(图 8-4)。

路基基底剖面物探电阻率等值线图如图 8-5~图 8-8。

根据剖面物探电阻率等值线图和地质解释图,本段路基基底没有发现岩溶地质构造。

图 8-2 检查孔芯样图

图 8-3 DUK-2 型高密度电法仪

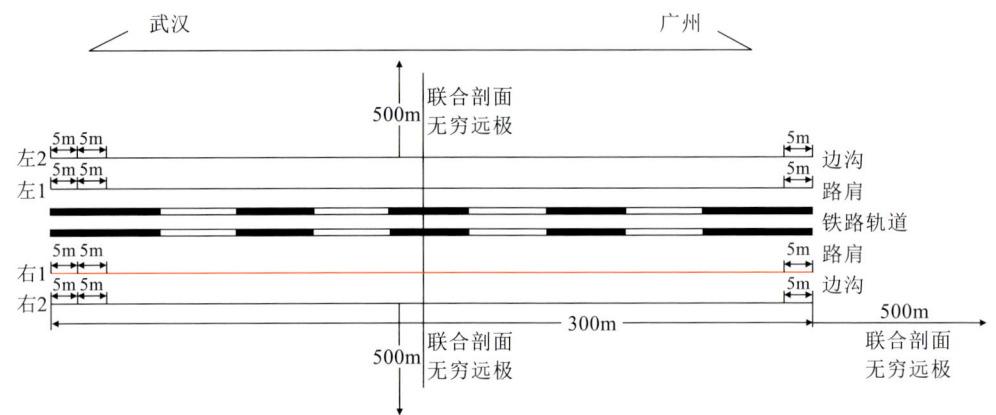

图 8-4 测线平面布置示意图

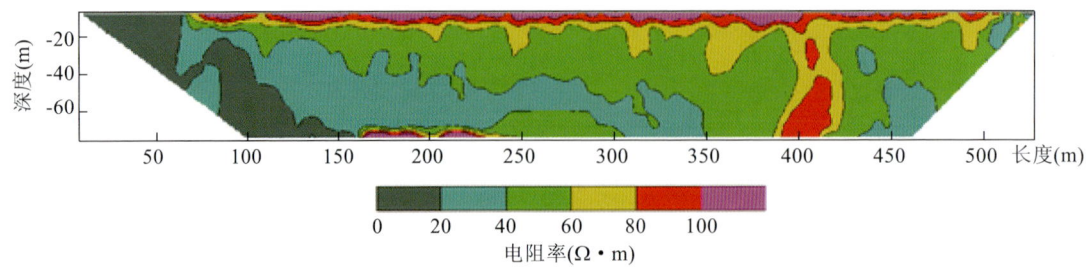

图 8-5 路基基底剖面物探电阻率等值线图、地质剖面图（左 1 路肩）

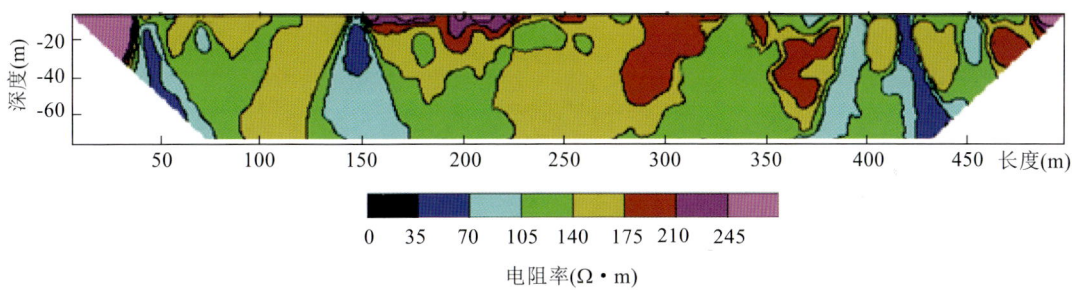

图 8-6　路基基底剖面物探电阻率等值线图、地质剖面图（左 2 边沟）

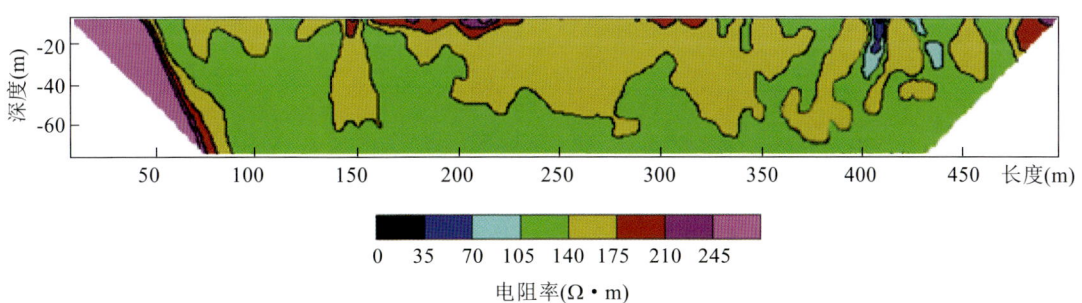

图 8-7　路基基底剖面物探电阻率等值线图、地质剖面图（右 1 路肩）

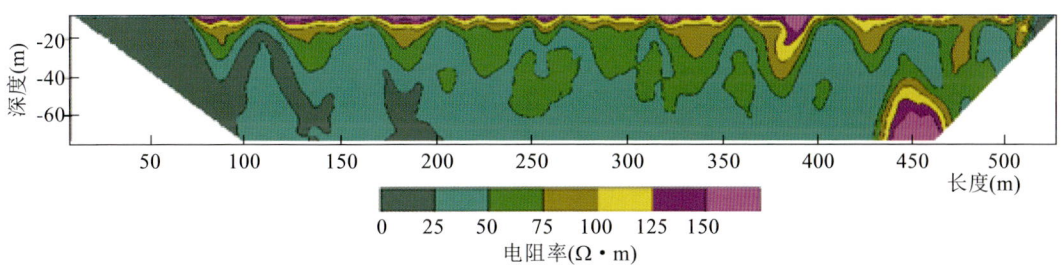

图 8-8　路基基底剖面物探电阻率等值线图、地质剖面图（右 2 边沟）

8.3　武广客运专线岩溶路基运营效果评价

8.3.1　武广客运专线新耒阳车站运营效果评价

1. 动态检查情况

（1）动检车情况。经过对比分析 2013 年度 150# 动检车资料，新耒阳站内无明显变化，具体对比分析波形如图 8-9 所示。

上行线 K1818+400～K1818+900 区段 2013 年 12 月 15 日与 2013 年 1 月 14 日对比基本无变化，如图 8-10。

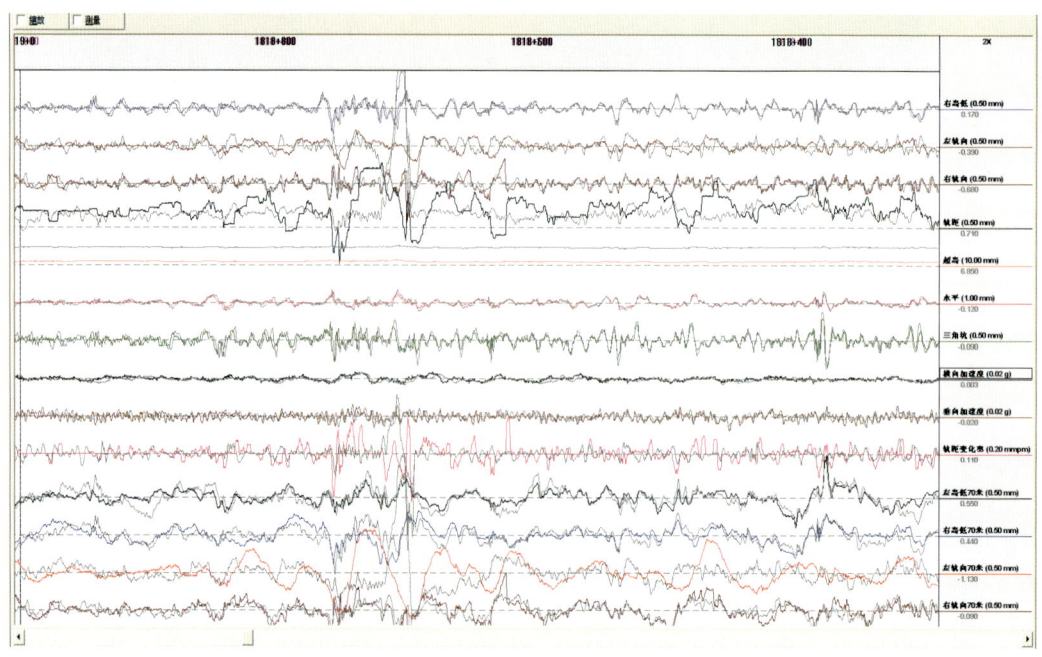

图 8-9　2013 年度新耒阳站动检车对比分析波形图

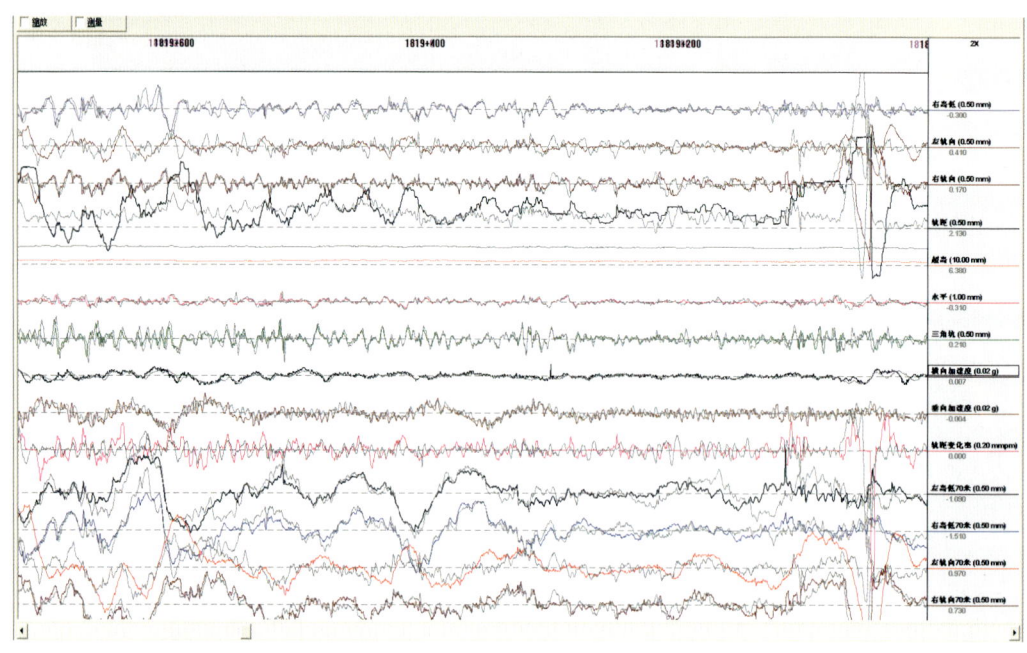

图 8-10　上行线 K1818+400～K1818+900 区段对比分析波形图

上行线 K1818+900~K1819+600 区段 2013 年 12 月 15 日与 2013 年 1 月 14 日对比基本无变化,如图 8-11。

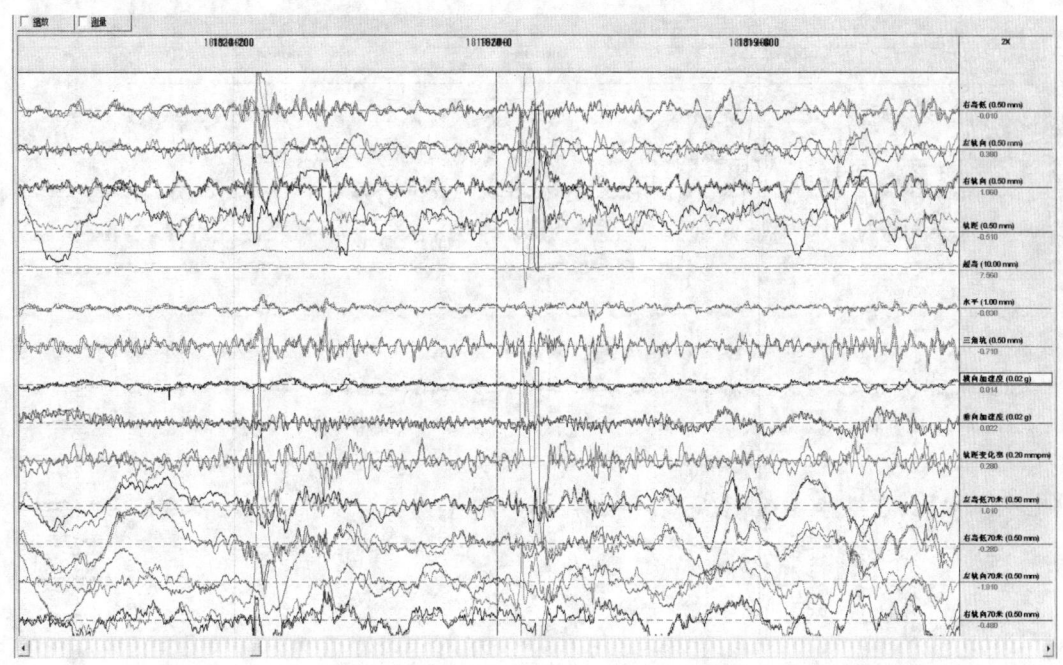

图 8-11 上行线 K1818+900~K1819+600 区段对比分析波形图

上行线 K1819+600~K1820+400 区段 2013 年 12 月 15 日与 2013 年 1 月 14 日对比基本无变化,如图 8-12。

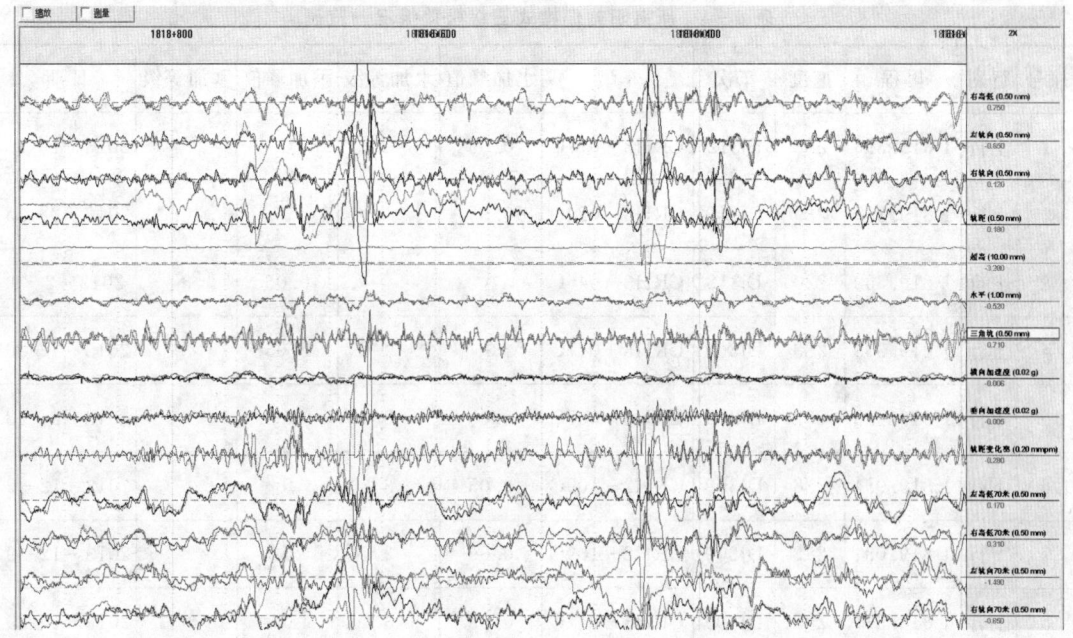

图 8-12 上行线 K1819+600~K1820+400 区段对比分析波形图

下行线 K1818+200—K1819+000 区段 2013 年 12 月 13 日与 2013 年 1 月 11 日对比基本无变化，如图 8-13。

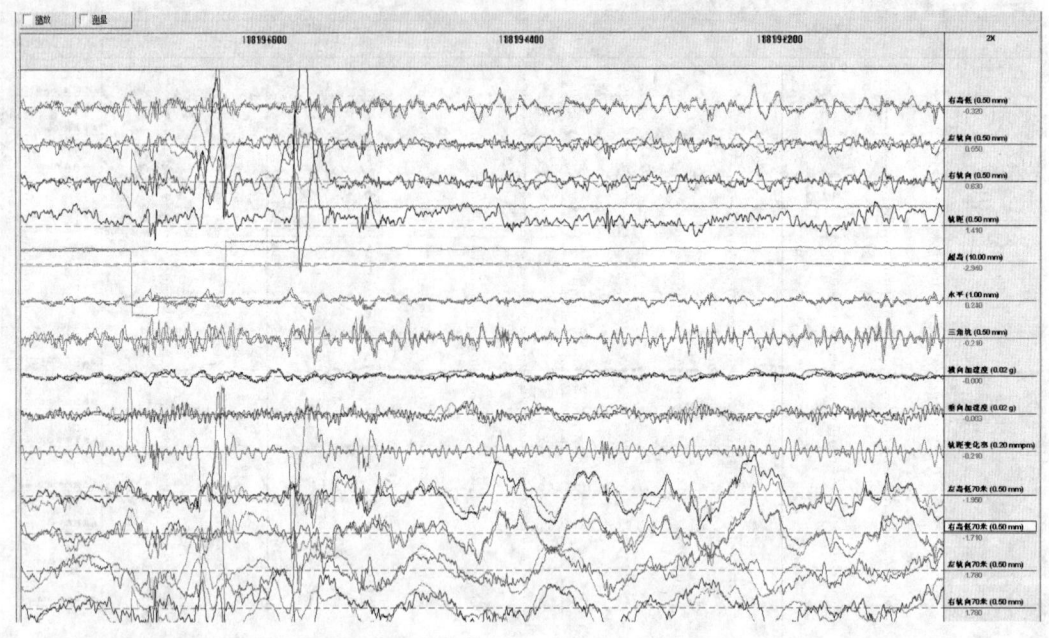

图 8-13 下行线 K1818+200～K1819+000 区段对比分析波形图

(2)便携式添乘仪情况。该区段除却新耒阳站内因道岔原因造成三级报警外，全年共有便携式三级报警 8 处，详情见表 8-4。

表 8-4 新耒阳站便携式三级报警情况一览表

序号	行别	里程	速度	车次	车型	水加峰值	水加等级	垂加峰值	垂加等级	日期
1	上行	1 819.396	288	Dj312	CRH3-017C	0.05	3	0		2013-1-20
2	上行	1 819.368	289	DJ309	CRH3-024C	0.05	3	0		2013-2-25
3	上行	1 819.352	220	Dj312	CRH3-046C	0		0.05	3	2013-2-9
4	上行	1 819.338	288	DJ309	CRH3-017C	0		0.05	3	2013-1-20
5	上行	1 819.128	289	Dj312	CRH3-068C	0.05	3	0		2013-2-18
6	下行	1 819.084	288	DJ309	CRH2-109C	0.05	3	0		2013-12-9
7	下行	1 819.084	288	DJ309	CRH2-109C	0.05	3	0		2013-12-9
8	上行	1 818.931	288	DJ309	CRH3-017C	0.05	3	0		2013-1-20

(3)车载式添乘仪情况。该区段除新耒阳站内因道岔原因造成二级报警外,全年无车载式二级报警。

(4)人工添乘情况。无明显异常。

2.静态检查情况

Ⅰ道检查情况:高低在±2mm以内,轨向在+1mm,-2mm以内,水平在+2mm,0mm之间,详情见图8-14。

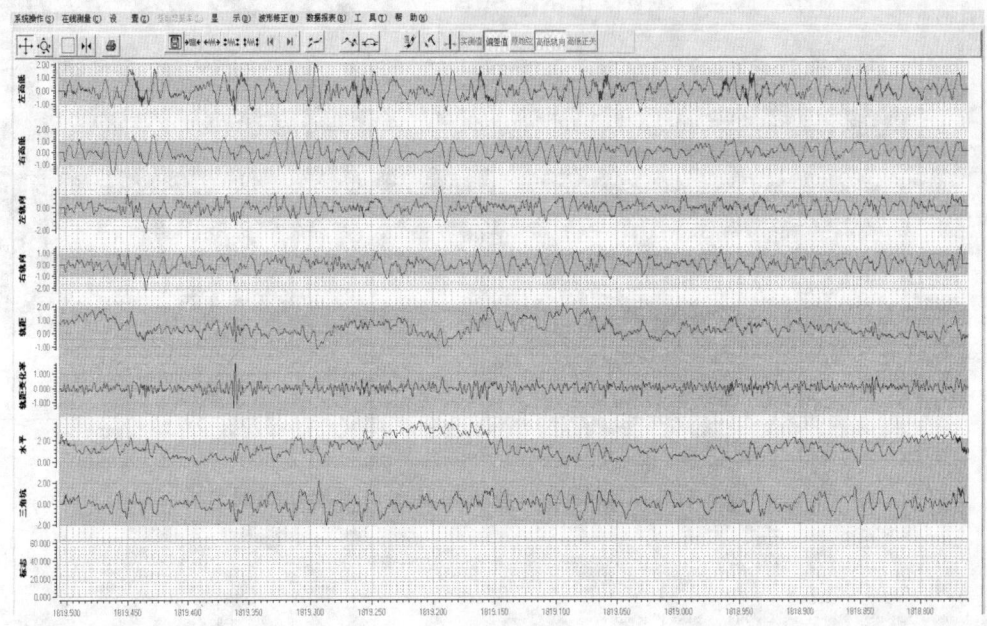

图8-14　Ⅰ道静态检查垂向及水平变形曲线图

Ⅱ道检查情况:高低在±2mm以内,轨向在±2mm以内,水平在+3mm,0mm之间,详情见图8-15。

3道检查情况:高低在±2mm以内,轨向在+2mm,-1mm以内,水平在+4mm,0mm之间,详情见图8-16。

4道检查情况:高低在±2mm以内,轨向在+1mm,-2mm以内,水平在+3mm,0mm之间,详情见图8-17。

8.3.2　武广客运专线K1920+817～+886运营效果评价

1.动态情况

(1)动检车情况。经过对比分析2013年度150#动检车资料,上下行K1920+817.101～+886.521区段波形图无明显变化,具体对比分析如下。

上行K1920+817.101～+886.521在2013年12月份对比2013年1月份,波形基本无变化,如图8-18。

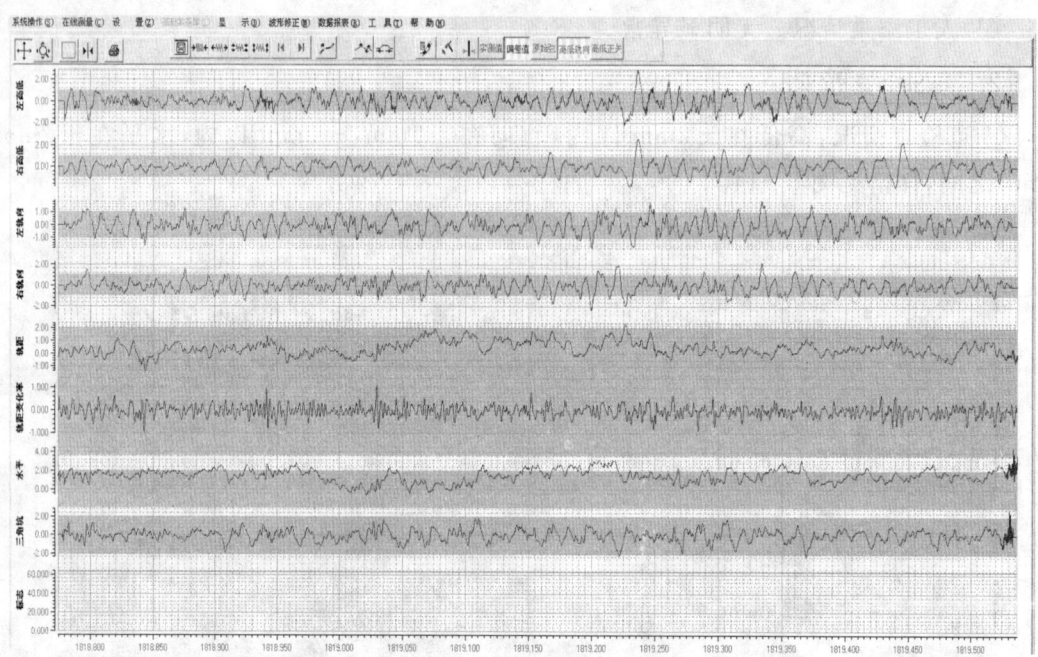

图 8-15　Ⅱ 道静态检查垂向及水平变形曲线图

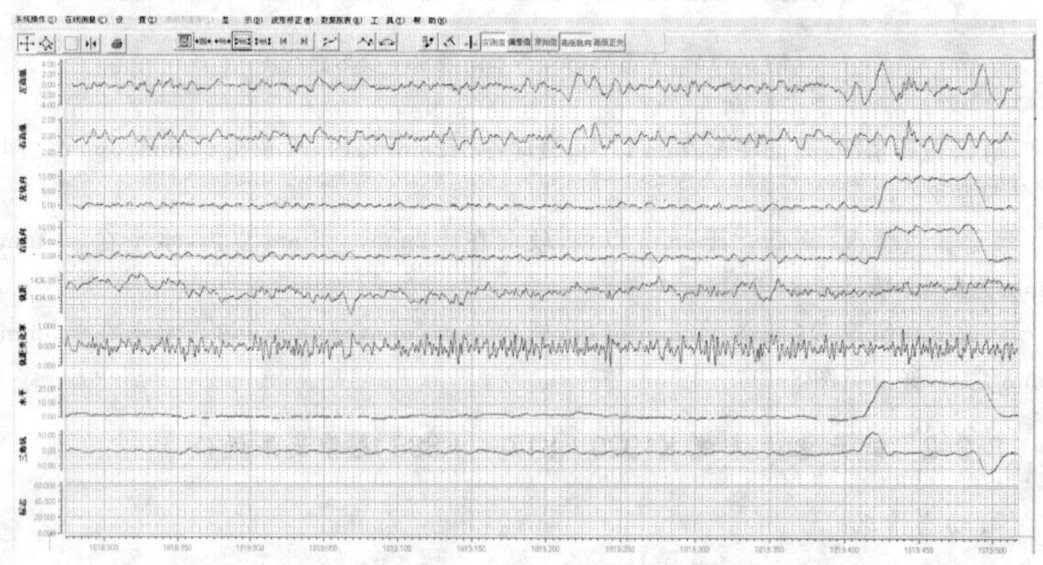

图 8-16　3 道静态检查垂向及水平变形曲线图

第八章 高速铁路岩溶路基整治效果检测及运营评价

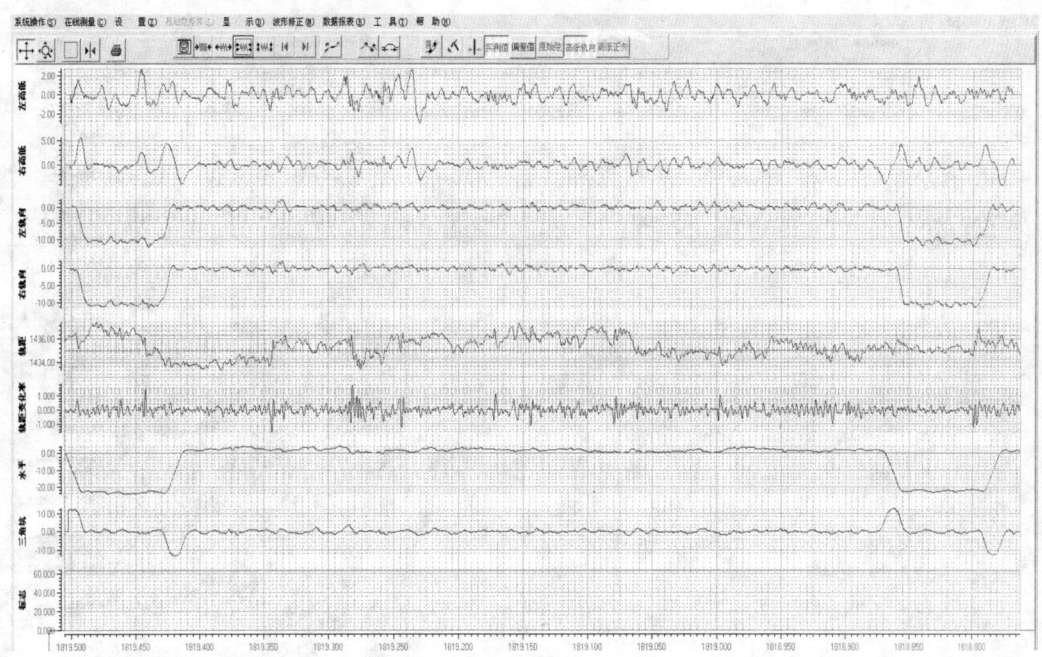

图 8-17　4 道静态检查垂向及水平变形曲线图

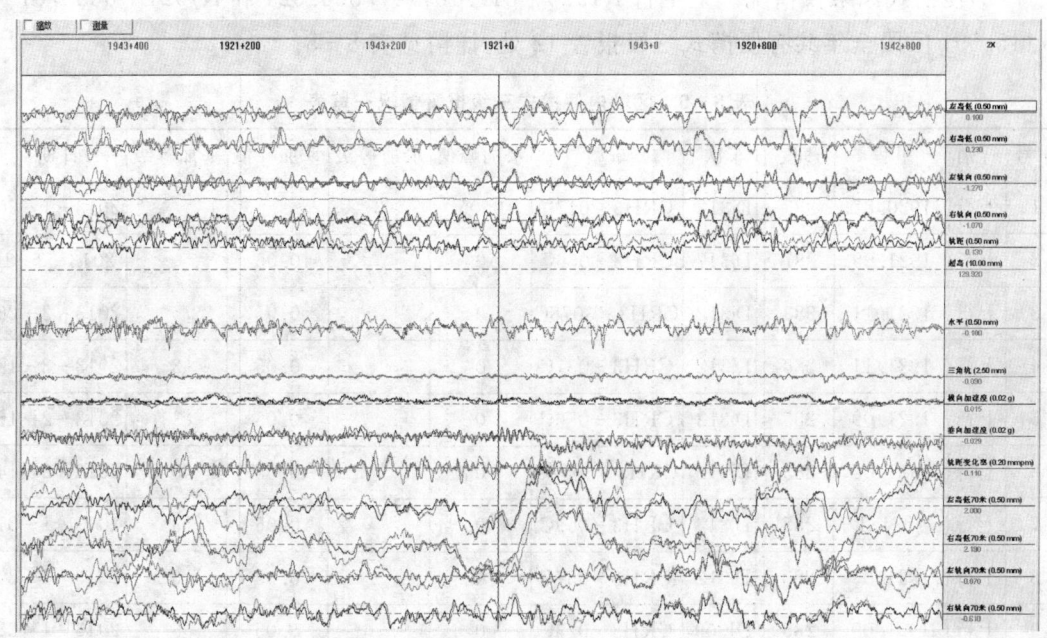

图 8-18　上行线动检车对比分析波形图

下行 K1920+817.101～+886.521 和 K1921+063.701～+115.591 在 2013 年 12 月份对比 2013 年 1 月份，波形基本无变化，如图 8-19。

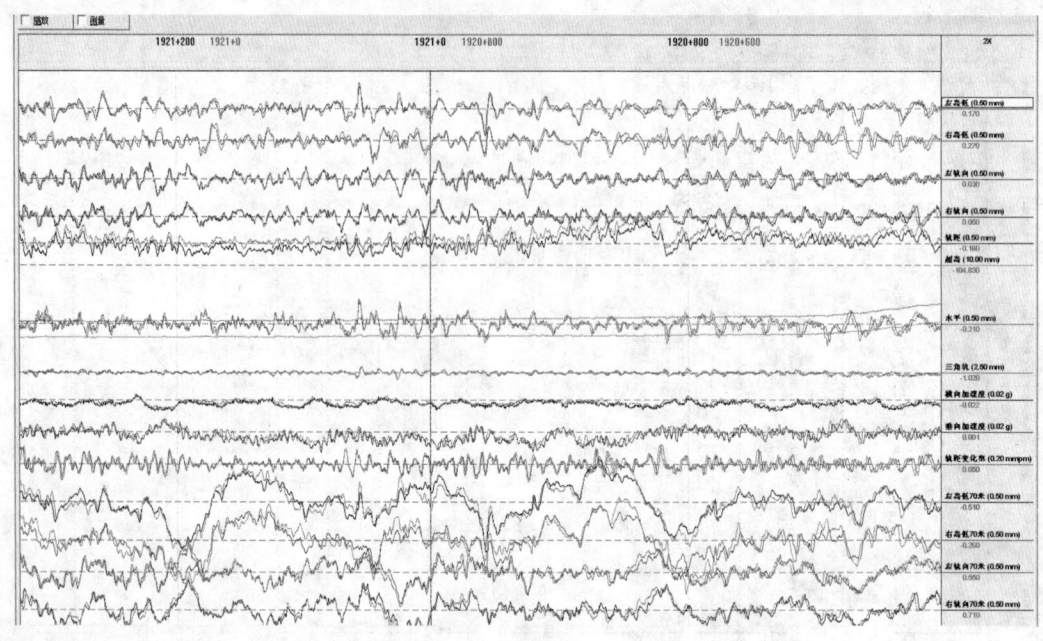

图 8-19 下行线动检车对比分析波形图

(2)便携式添乘仪情况。上下行 K1920+817.101～+886.521 和 K1921+063.701～+115.591 区段全年共有便携式三级报警 12 处,详情见表 8-5。

表 8-5 区段内便携式三级报警情况一览表

序号	行别	里程	速度	车次	车型	水加峰值	水加等级	垂加峰值	垂加等级	日期
1	上行	1920.87	285	Dj312	CRH3-017C	0.05	3	0		2013-1-20
2	上行	1921.09	287	Dj312	CRH3-066C	0		0.05		2013-3-1
3	上行	1921.11	283	Dj312	CRH3-3078C	0		0.05		2013-2-26
4	上行	1921.11	280	Dj312	CRH3-031C	0		0.05	3	2013-2-19
5	上行	1921.09	285	Dj312	CRH3-056C	0		0.05		2013-2-16
6	上行	1921.09	283	Dj312	CRH3-3057C	0		0.05		2013-2-14
7	上行	1921.1	285	Dj312	CRH3-059C	0		0.06	3	2013-1-31
8	上行	1921.08	283	Dj312	CRH3-057C	0		0.05	3	2013-1-30
9	上行	1921.09	285	DJ309	CRH3-023C	0		0.05	3	2013-1-28
10	上行	1921.08	282	DJ309	CRH3-045C	0		0.05	3	2013-1-22
11	上行	1921.1	283	DJ309	CRH3-026C	0		0.05	3	2013-1-21
12	上行	1921.11	283	DJ309	CRH3-025C	0		0.05	3	2013-1-13

(3)车载式添乘仪情况。该区段2013年度无车载式二级报警。

(4)人工添乘。无明显异常。

2.静态检查情况

通过人工检查,上下行 K1920+817.101~+886.521 和 K1921+063.701~+115.591区段最大轨距2.4mm,最小轨距-0.9mm,轨距轨枕距递变最大0.4mm,水平超高递变平顺;扭力矩达标;零配件齐全无缺失;道床板无离缝。

8.3.3 武广客运专线 K2107+206~+406 运营效果评价

武广客运专线岩溶区段 K2107+206~+406 自武广线开通以来线路稳定无变化,以下是该岩溶区段每年年初与年末动检车波形叠加对比图。从对比图来看,各检测项目图形叠加基本无变化。

(1)2010年年初与年末动检波形图叠加,各检测项目基本无变化,见图8-20~图8-21。

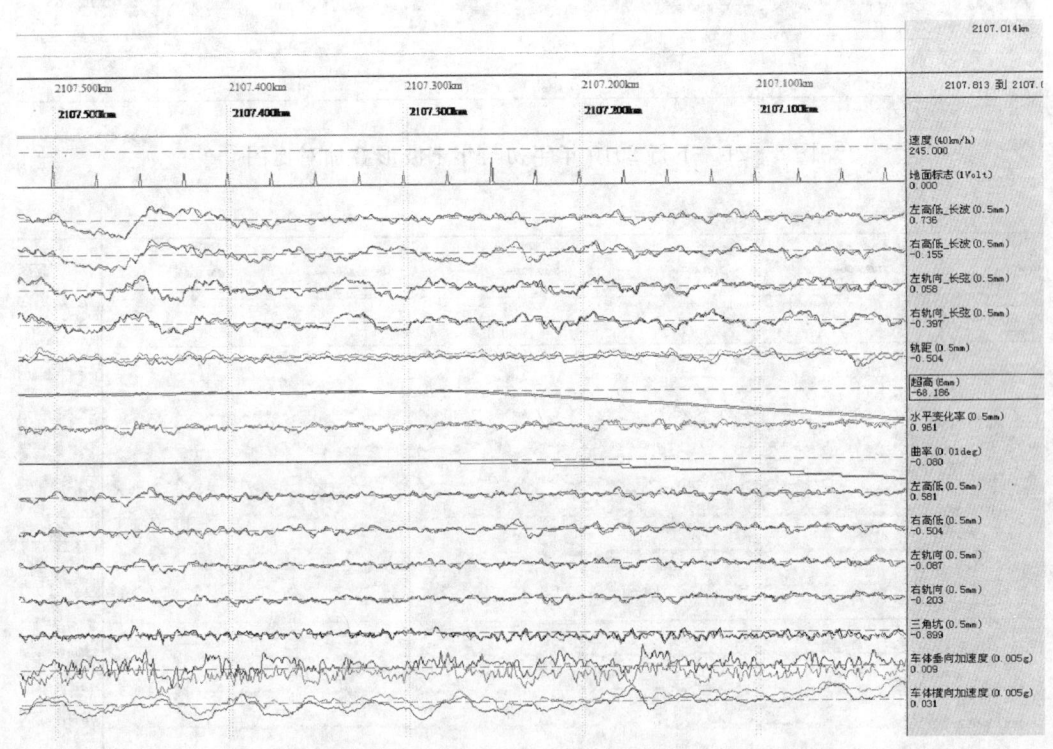

图8-20 上行2010年年初与年末波形叠加对比图

(2)2011年年初与年末动检波形图叠加,各检测项目基本无变化,见图8-22~图8-24。

(3)2012年年初与年末动检波形图叠加,各检测项目基本无变化,见图8-25~图8-26。

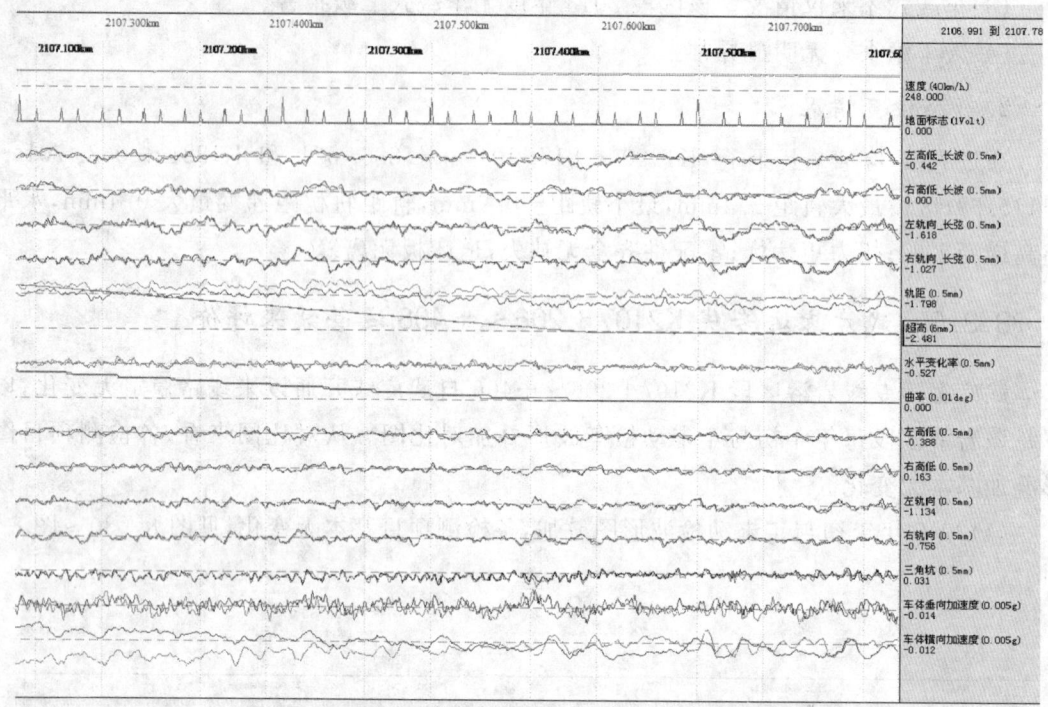

图 8-21 下行 2010 年年初与年末波形叠加对比图

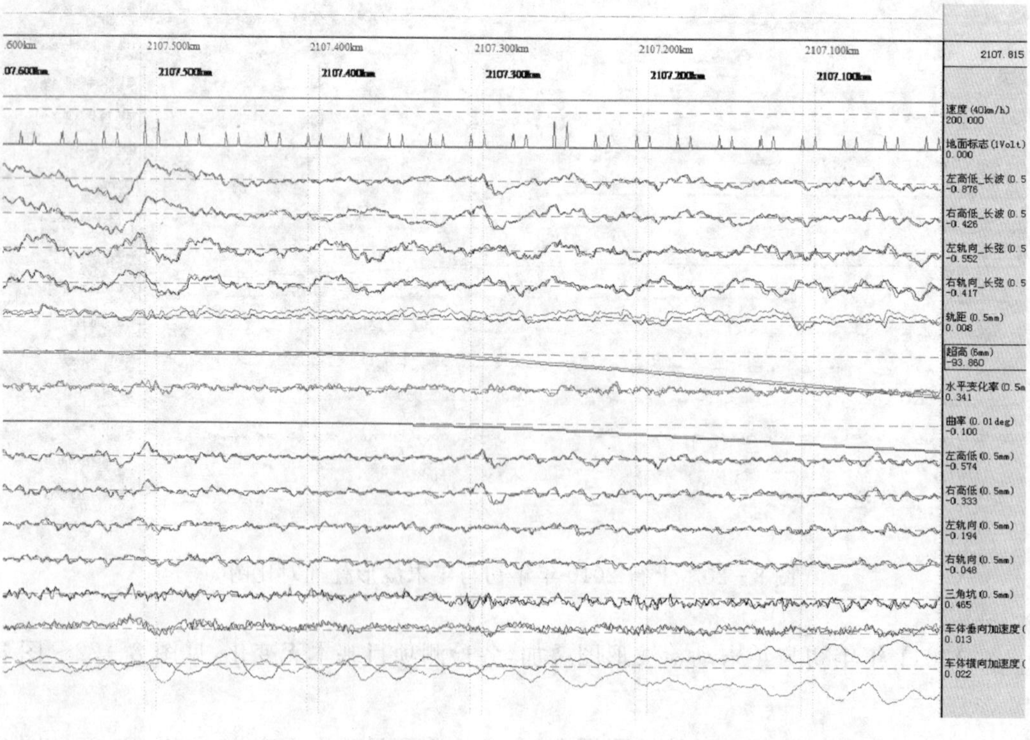

图 8-22 上行 2011 年年初与年末波形叠加对比图

第八章 高速铁路岩溶路基整治效果检测及运营评价

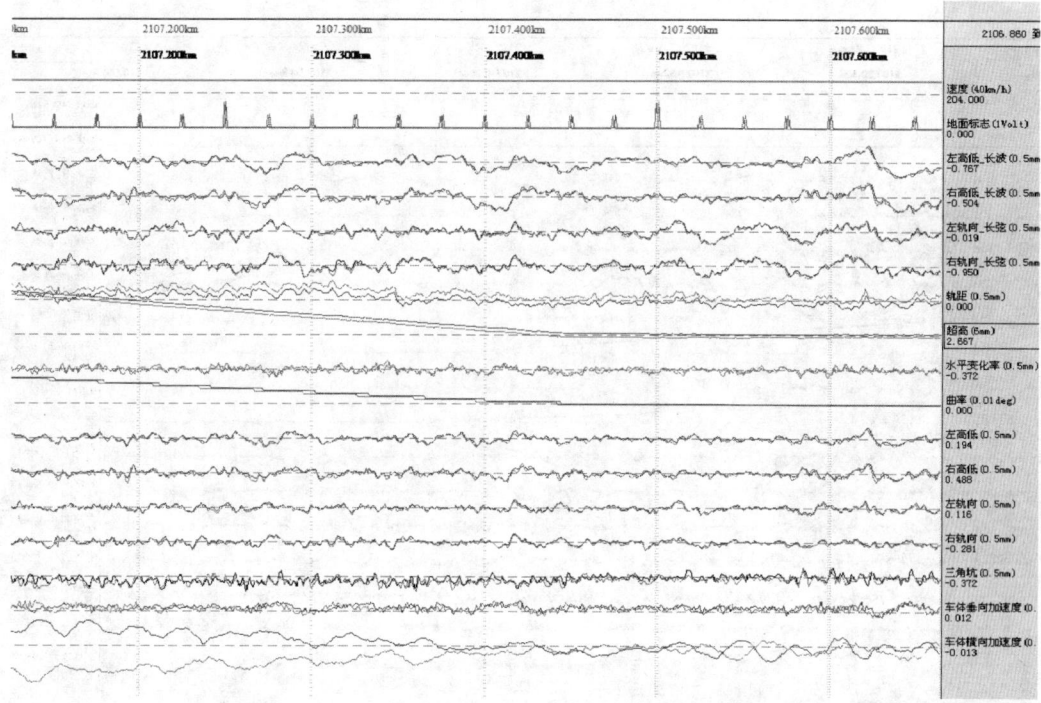

图 8-23　下行 2011 年年初与年末波形叠加对比图

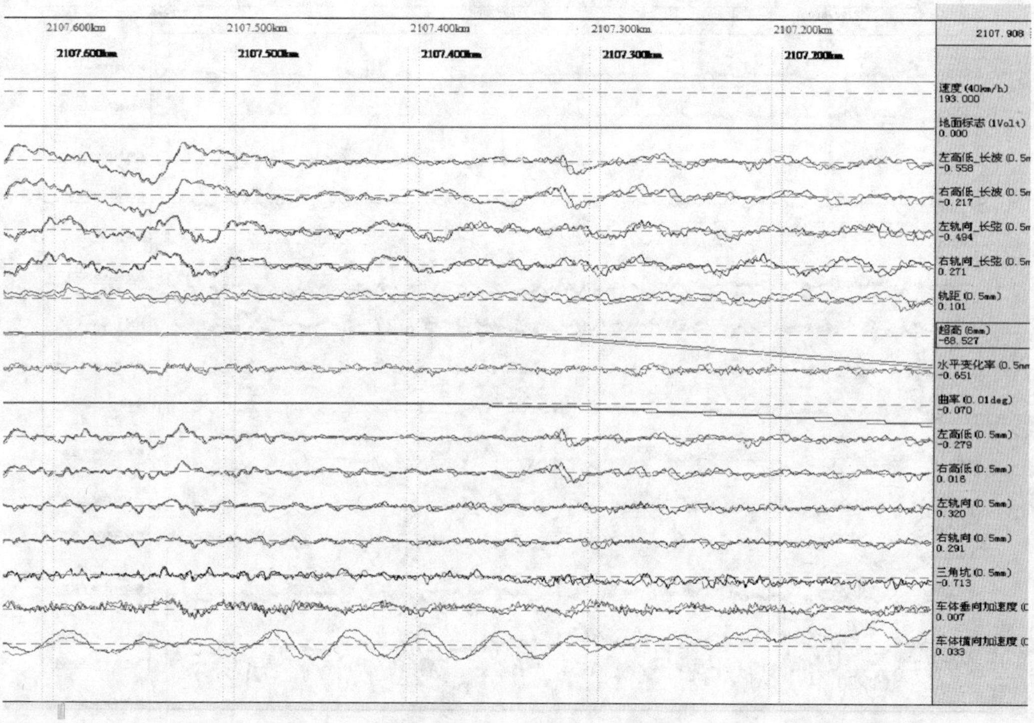

图 8-24　上行 2012 年年初与年末波形叠加对比图

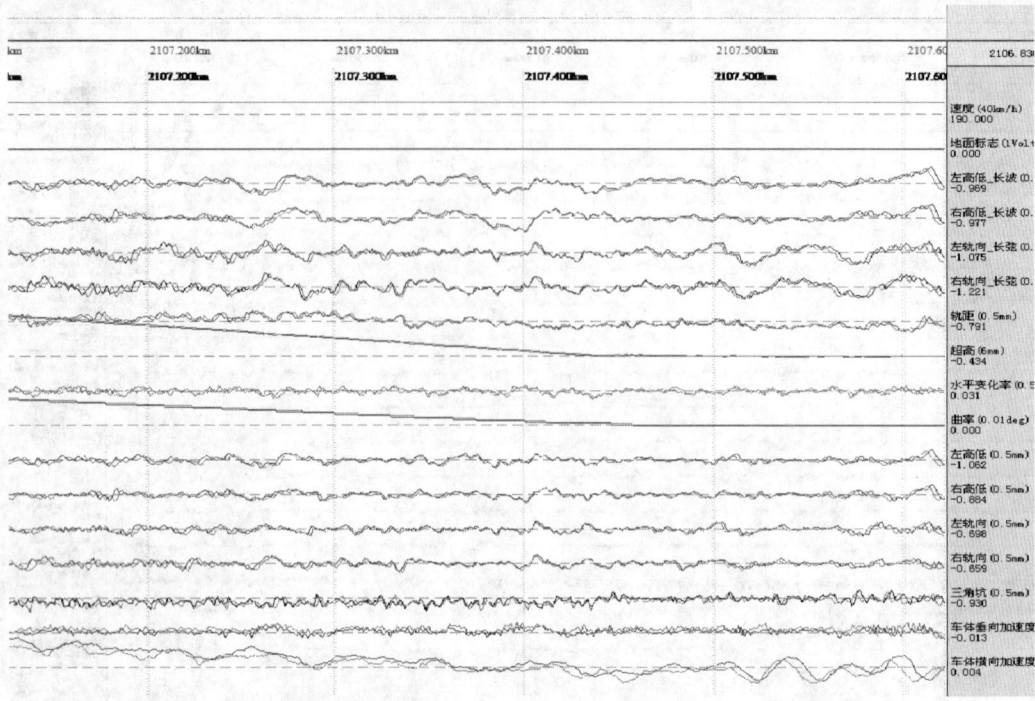

图 8-25 下行 2012 年年初与年末波形叠加对比图

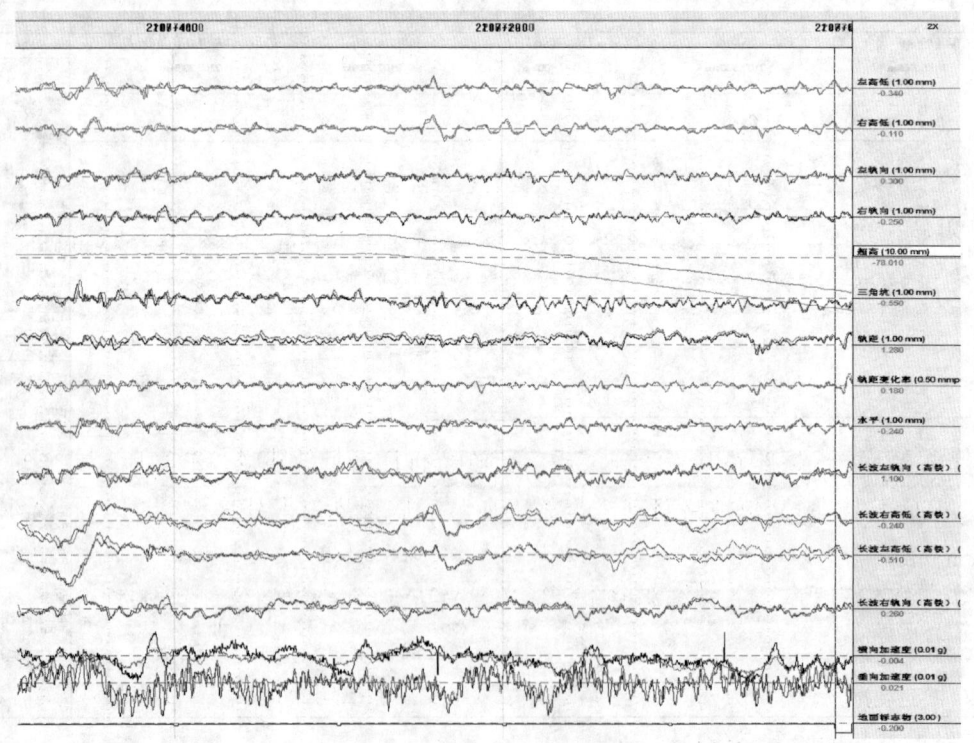

图 8-26 上行 2013 年年初与年末波形叠加对比图

(4) 2013年年初与年末动检波形图叠加,各检测项目基本无变化,见图8-27。

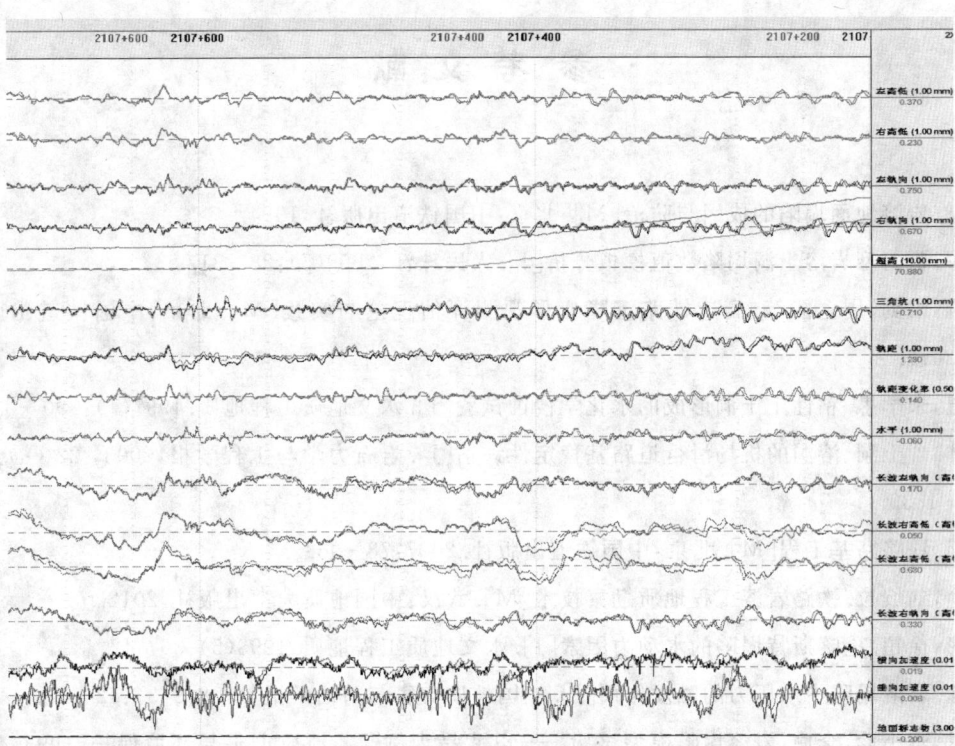

图8-27 下行2013年年初与年末波形叠加对比图

综合沉降观测、轨检车检、便携式添乘仪、车载式添乘仪、静态检查各类数据分析,轨道沉降、轨距、水平超高递变等处于稳定状态,综合分析上述三处典型岩溶路基工点处理效果明显。

8.4 本章小结

(1)武广客运专线是我国第一条正式建设实施的长大高速铁路干线,在建设过程中主要执行《客运专线铁路路基工程施工质量验收暂行标准》(铁建设[2005]160号)(注:2010年12月8日颁布《高速铁路路基工程施工质量验收标准》(TB10751—2010)后该标准同时废止)。

(2)岩溶路基整治效果的判断可以采用多种方法,包括地球物理勘探、动态检查、静态检查等。

(3)通过多种检测方法的综合判断,武广高铁岩溶路基的整治是有效的,对将来类似的工程具有一定的参考价值。

参 考 文 献

陈国亮.岩溶地面塌陷的成因与防治[M].北京:中国铁道出版社,1994.

陈启军.覆盖型岩溶土洞塌陷数值模拟分析[J].人民珠江,2009(5):28-31.

陈善雄,宋剑,周全能等.高速铁路沉降变形观测评估理论与实践[M].北京:中国铁道出版社,2010.

陈学道,朱学愚.粘性土土洞形成的水化学侵蚀试验[J].水文地质工程地质.1997(1):290-320.

丁春林.含土洞、溶洞的机场滑行道路基稳定性评估[J].岩石力学与工程学报,2003,22(8):1329-1333.

宫全美.铁路路基工程[M].北京:中国铁道出版社.2007:78-96.

顾湘生,刘坡拉.铁路岩溶工程地质勘察技术[M].武汉:中国地质大学出版社,2012.

何宇彬,徐超.论喀斯特塌陷的水动力因素[J].水文地质工程地质,1993(5):39-42.

蒋小珍.岩溶塌陷中水压力的触发作用[J].中国地质灾害与防治学报,1998,9(3):42-47.

雷明堂,蒋小珍,李瑜.岩溶塌陷模型试验——以武昌为例[J].地质灾害与环境保护,1993,4(2):39-44.

李清春,冯克印,郑庭明,等.临沂市城区岩溶塌陷特征及成因分析[J].山东国土资源,2005,21(9):61-64.

李万有,陈立龙,李爽.覆盖层的抗剪强度与土洞型岩溶塌陷高度关系的数值分析研究[J].林业科技情报.2010,42(1):102-104.

梁波.高速铁路路基的动力特性及土工合成材料的应用研究[D].成都:西南交通大学博士论文,1998.

刘传正.地质灾害勘察指南[M].北京:地质出版社,2002.

刘之葵,梁金城,周健红.岩溶区土洞发育机制的分析[J].工程地质学报,2004,12(1):45-49.

罗强,蔡英.高速铁路路桥过渡段变形限值与合理长度研究[J].铁道标准设计,2006,(6-7):2-4.

马金荣,韩宝平.徐州市塌陷区岩土体特性与塌陷机理[J].中国地质灾害与防治学报,1996,7(2):51-56.

马文瀚,方先知,戴塔根,等.岩溶塌陷稳定性有限元数值模拟分析[J].贵州师范大学学报(自然科学版),2009,27(4):19-21.

母进伟,雷明堂,梁军林等.岩溶路基病害与处置技术国内外研究现状[J].中国岩溶,2005,24(2):89-95

欧阳孝忠.岩溶地质[M].北京:中国水利水电出版社,2013.

参考文献

彭涛,葛少亭,武威.岩溶土洞发育区地基塌陷的治理[J].水文地质工程地质,2001(3):55-57.

谭鸿增.南昆铁路岩溶塌陷的预测和整治[J].工程地质学报.2000(8):216-219.

谭鉴益.广西覆盖型岩溶区土层崩解机理研究[J].工程地质学报,2001,9(3):272-276.

唐万春.高速铁路厚覆盖型岩溶路基地质工程问题系统研究[D].成都:成都理工大学博士论文,2011.

铁道部科学研究院.时速200千米新建铁路线桥隧站设计暂行规定[S].铁道标准设计.1999.

铁道第三勘查设计院.京沪高速铁路桥隧站设计暂行规定(修编稿)[S].2001:56-105.

王炳龙.高速铁路路基工程[M].北京:中国铁道出版社,2007.

王柳宁,高武振.桂林市西城区地下水活动与岩溶塌陷的关系[J].桂林工学院学报,2000(2):106-110.

王其昌.高速铁路土木工程[M].成都.西南交通大学出版社.1999:5-7.

吴吉春,薛禹群,黄海,等.山西柳林泉局部区域溶质运移二维数值模拟[J].水利学报,2001(8):38-43.

武广铁路客运专线有限责任公司.武广客运专线岩溶路基处理技术汇总[R].武汉,2013.

武广铁路客运专线有限责任公司.武汉-广州客运专线指导性施工组织设计[R].2004:10-98.

中华人民共和国铁道部.新建时速200km客货共线铁路设计暂行规定[S].铁建设函[2005]1285号.

徐卫国.试论岩溶矿区地面塌陷的真空吸蚀作用[J].地质论评,1981,27(2):23-26.

张辰.高速铁路的发展概况及发展趋势[J].中国高新技术企业,2010(19):189-192.

赵显鹏,刘运清.岩溶地区路基土洞成因及处理措施[J].交通科技,2004,205(5):35-37.

赵颖文,孔令伟,郭爱国,等.广西原状红黏土力学性状与水敏性特征[J].岩土力学,2003,24(4):568-572.

周神根.铁路路基设计动荷载研究[J].路基工程,1996,68(5):6-11.

邹成杰.水利水电岩溶工程地质[M].北京:水利水电出版社,1994.

左滕吉彦.高周波轨道振动理论解析[R].铁道技术研究报告,N1013,1976:213-216.

左滕吉彦.新轨道力学[M].徐涌,等译.北京:中国铁道出版社,2001:56-97.

左滕裕.轨道力学[M].北京:中国铁道出版社,1981.

Ahlbeck D I L, Meaeham H C, Prause R H. The development of analytical models for railroad track dynamics[J]. Railroad Rack Mechanics and Technology,1978:239-263.

Ahlbeck O R. Effects of track dynamics impedance on vehicle-lrack interactions[J]. Vehicle System Dynamics Supplement,1995,24:58-71.

Fannin R J. Geogrid reinforcement of granular layers on soft clay[D]. PhD Thesis, Unversity of Oxford,England,1987:15-16.

Grassie S L. Track deflections and macroscopic movement of railway embankment[J]. Vehicle System Dyllamics Supplement,1995,24:154-163.

Harrison H B. General computer analysis of beam and elastic foundations[J]. Proceeding of Inst. of Civil Engineers,1973,55(2):605-618.

Herkelrath W N, Hamburg S P, Murphy F. Automatic real-time monitoring of soil moisture in a remote field area with time domain reflectometry[J]. Water Resources Research,1991,27(5):857-864.

Hoover. Geophysical choices for karst investigations[C]. In: Barry F B. Proceedings of the 9th Multidisciplinary Conference on Sinkholes and the Engineering and Environmental Impacts of Karst. USA: ASCE, Geotechnical Special Publication,2003,122:529-538.

Howell J. Records of shrews (Insectivora, Soricidae) from Tanzania[J]. African Journal of Ecology,1984,22(1):67-68.

James R M. Development of geographical information system(GIS) for seismic study of Charleston SC[C]. David F J,Jean-Lou A Chameau. Proceedings of Geographic Information Systems and Their Application in Geotechnical Earthquake Engineering. American Society of Civil Engineers, Atlanta,1993:77-82.

Jan H Z. High-spead rail track design[J]. J of Tram Engrg Div ASCE,1989,115(1):12-16.

Jean B, Pedro A de Alba, Stephen M S. National geotechnical experimentation sites center data repository[C]. David F J, Jean-Lou A Chameau. Proceedings of Geographic Information Systems and Their Application in Geotechnical Earthquake Engineering. American Society of Civil Engineers, Atlanta,1993:17-21.

Jean-Laurent M. Discrete smooth interpolation in geometric modeling[J]. Computer Aided Design,1992,24(4):178-190.

Knotho K. Past and future of vehicle/track interaction[J]. Vehicle System Dynamcs Supplement,1995(4):1-3.

Kuang H C,Cmegory C. Martin track foundation stresses under vertical loading[R]. Rail International,1997.

Lipen A B,Chigarev A V. The displacements in an elastic half-space when a load moves along a beam tying on its surface[J]. Journal of Applied Maths Mechanics,1998,62(5):791-796.

Lyon R D. The caeulation of track forces due to dipped rail joints[J]. Wheel-flats and Rail Welds, British Rail Research Department Track Group,Technical Notes 7s. 2,1972,Febr:15-16.

Lyon R D. The effect of vehicle and track parameters upon the loads at the dipped rail joints[J]. B. R. B Research and Development Division Technical Memorandumm,TMT36. 1974,June:23-25.

Sunaga M,Sekine E. A study on decrease of reinforced roadbed thickness in railway[J]. (Proc. JSCE),1991(10):156-160.

Mao B Y, Xu M, Xiao W. Study on the interaction between groundwater and rock-soil mass in

参考文献

subway construction geologically active[J]. Journal of Hunan University of Science & Technology(Natural Science Edition),2010,25(2):36-39.

Rana A. The utility of synthetic aperture radar interferometry in monitoring sinkhole subsidence [C]. In: Barry F B,eds. Proceedings of the 10th Multidisciplinary Conference on Sinkholes and the Engineering and Environmental Impactsof Karst. USA:ASCE, Geotechnical Special Publication,2005,144:541-547.

Sunaga M. Vibration behavior of roadbed on soft grounds ainds under trainload [J]. Quality Report of RTRI,1990(31):29-35

Tharp T M. Cover-collapse sinkhole formation and piezometric surface drawdown[C]. Geotechnical and Environmental Applications of Karst Geology and Hydrology. Beck & Herring (eds), 2001.

Toshikazu H,Keizo U,Mlehio M,*et al*. Three-dimensional analysis of traffic-Induced ground vibrations[J]. Journal of Geotechnical Engineering,1991,117(8):1133-1151.